Dor de Cabeça

O que ela quer com você?

Dor de

cabeça

O que ela quer com você?

Dr. Mario Peres

INTEGRARE
EDITORA

A dor de cabeça é para mim uma prova de paciência, persistência. Não a vejo como algo negativo, pois abre um espaço de reflexão. Lutar contra ela nunca foi boa estratégia, mas entender o que realmente ela queria comigo, como eu poderia modificar-me, não só para me livrar da dor mas também para melhorar como pessoa – isso sim foi positivo. Muito mais do que inimiga, ela me ajudou a evoluir espiritualmente; tem um papel muito maior que a sensação física de desconforto, a dor me permite crescer. Se eu aprendo a vencer a dor, passo por todas as barreiras da minha vida."

UM PACIENTE, AO RESPONDER À PERGUNTA
"O que a dor de cabeça quer com você?".

A meus queridos e amados filhos, GABRIELA e PEDRO. Na defesa de meu doutorado em 2000 escrevi: "Dedico aos meus filhos que ainda vão nascer". Agora posso dedicar, mesmo, a eles. À minha companheira e esposa PAULA, pela força e apoio neste e em todos os projetos. Aos meus pais, MARIA JULIA e NEY, por tudo o que fizeram, com muito orgulho, por terem investido sempre em mim. Aos meus irmãos JULIANE, JULIO e NEY pelo excelente convívio de todos esses anos. Aos meus tios FERNANDO e LUCIA HELENA, grande exemplo para minha vida. À minha avó HILDA, sempre na nossa memória. Ao PENNA, grande amigo e saudosa lembrança. Aos meus amigos, pelo apoio e alegria do convívio. Aos meus pacientes, fonte de inspiração e objetivo primário deste livro.

Copyright © 2008 Mario Peres
Copyright © 2008 Integrare Editora Ltda.

Publisher
Maurício Machado

Assistente editorial
Luciana M. Tiba

Produção editorial e acompanhamento
Miró Editorial

Copidesque
Márcia Lígia Guidin

Revisão de provas
Carla Bitelli
Cid Camargo
Maria Aiko Nishijima

Projeto gráfico de capa e miolo
Alberto Mateus

Foto da orelha
Julio Peres

Diagramação
Crayon Editorial

Ilustrações pp. 47 e 67
Ivan Eric Szulc

Dados Internacionais de Catalogação na Publicação (CIP)
(Câmara Brasileira do Livro, SP, Brasil)

Peres, Mario F. P.
    Dor de cabeça : o que ela quer quem você? / Mario F.P. Peres
[ilustrações Ivan Eric Szulc].-- São Paulo : Integrare Editora,
2008.

    Bibliografia.
    ISBN 978-85-99362-24-2

    1. Cefaléia 2. Cefaléia – Aspectos psicossomáticos
3. Cefaléia – Tratamento I. Título.

8-02242   CDD-616.849108

Índices para catálogo sistemático:

1. Cefaléia : Aspectos psicossomáticos 616.849108
2. Dor de cabeça : Aspectos psicossomáticos 616.849108

Todos os direitos reservados à INTEGRARE EDITORA LTDA.
Rua Tabapuã, 1.123, 7º andar, conj. 71/74
CEP 04533-014 - São Paulo - SP - Brasil
Tel: (55) (11) 3562-8590
Visite nosso site: www.integrareeditora.com.br

saúde e espiritualidade – caminho e construção

Dr. Rodrigo M. Bassi
Clínica Médica e Geriatria – UNIFESP

DR. MARIO PERES DISPENSA APRESENTAÇÕES NO MEIO MÉDICO E CIENTÍFICO. Conhecemos, além de sua competência técnica e profissional, o coração amoroso no contato com aqueles que precisam de auxílio e amparo.

É por isso que, com muita alegria e gratidão, aceitamos o convite para escrever algumas palavras aos leitores de *Dor de Cabeça – O que ela quer com você?*, como representantes da Associação Médico-Espírita de São Paulo – AME-SP.

A AME-SP, fundada em 30 de março de 1968, é uma organização religiosa, científica, cultural e beneficente, sem fins lucrativos. Sua finalidade é o estudo da doutrina espírita – codificada por Allan Kardec –, para consolidar a sua integração e aplicação aos campos da religião, filosofia e ciência, em particular na medicina. Nossa missão está centrada na área educacional, por meio de estudos, artigos, seminários, congressos e livros, cujo fim é difundir o ideal médico-espírita.

Existem ainda diversos projetos de ampliação das atividades sociais e científicas através dos quais a AME-SP se esforça, como sempre o fez, para trazer o paradigma espiritual para a saúde, por meio de parcerias com universidades, médicos, profissionais de saúde e pesquisadores no Brasil e no mundo. Entendemos o conceito de espiritualidade na saúde como define o Dr. Harold Koenig:

"Espiritualidade é a busca pessoal pelo entendimento de respostas a questões sobre a vida, seu significado e relações com o sagrado e transcendente, que pode ou não estar relacionada a propostas de uma determinada religião".

Este livro, todo ele excelente, é um marco na reaproximação entre saúde/espiritualidade, especialmente quando o autor se debruça sobre o tema "religiosidade e espiritualidade", de forma clara e bastante eficiente. Nessa parte da obra, Mario Peres enfatiza o auto-conhecimento da doença como oportunidade de aprendizado e crescimento pessoal, reintegrando o individuo à sua essência espiritual, numa proposta terapêutica realmente libertadora, em eterna busca pelo equilíbrio e pelo bem-estar, ou seja, A SAÚDE PLENA.

Muito temos aprendido com este grande amigo e dedicado parceiro nas realizações da AME-SP. A doação de parte da renda obtida com o livro para a manutenção e ampliação de nossas atividades no campo educacional, científico e social é de valor inestimável. Por essa razão, também agradecemos à Integrare Editora pela parceria na nobre tarefa da responsabilidade social.

Dr. Rodrigo M. Bassi
Presidente da Associação Médico-Espírita de São Paulo

sumário

Mensagem da Associação Médico-Espírita de São Paulo 9
Agradecimentos 17
Prefácio 19
Apresentação do autor 21

Introdução 23
Dor: o que é? Por que existe?

Capítulo 1 . . . . **25**

Histórico: Conceitos e tratamentos das cefaléias através dos anos

CEFALÉIA OU DOR DE CABEÇA? 28

Capítulo 2 . . . . **30**

As dores de cabeça

CEFALÉIAS: MUITAS CAUSAS, MUITOS TIPOS 30
Veja uma tabela das cefaléias primárias 32

FIQUE DE OLHO NAS *RED FLAGS* 34
Como o médico diagnostica a enxaqueca? 36
ENXAQUECA E CEFALÉIA TENSIONAL: DOIS LADOS DA MESMA MOEDA . . . 36
EXAMES ÚTEIS E INÚTEIS 36

Exames laboratoriais 37
Exames de imagem 38
Outros exames 38

O *CONTINUUM* ENXAQUECA – CEFALÉIA TENSIONAL 39
Você sabe o que é *continuum*? 39

AS CARACTERÍSTICAS DOS MÓDULOS 41
A teoria modular 41
É tudo enxaqueca mesmo... 41

FREQÜÊNCIA E DURAÇÃO 42
AGORA FAÇA UM DIÁRIO! 44
FENÔMENOS PRECEDENTES E ACOMPANHANTES 44
Pródromo 44
Náuseas, vômitos, incômodo com a luz e barulho 44
A aura 45
Fenômenos autonômicos 47

TIPOS CURIOSOS DE DOR DE CABEÇA 48
Cefaléias hemicranianas: quando dói de um lado só 49

CEFALÉIA EM SALVAS 50
Como o médico faz o diagnóstico de cefaléia em salvas? 51
Histórico 52
Na população 52
Faixa etária e sexo 52
Fatores de risco e desencadeantes 53
Por que ocorre? 53
Tratamento 54

MITOS 54
1) Dor de cabeça vem do fígado ou de alguma coisa que eu comi 55
2) A dor só termina se vomitar 55
3) Dor de cabeça e sinusite 55
4) Cefaléia e hipertensão arterial (pressão alta) 56
5) A cura da enxaqueca 56
6) Mas então eu nunca vou me livrar da enxaqueca? 57
7) Enxaqueca é genética 57
8) Tratamento é com analgésicos 57
9) Chocolate e dor de cabeça 58

Capítulo 3 59

Por que você tem dor de cabeça?

DOR: UM ALERTA DO ORGANISMO 59
    Mecanismos de defesa do corpo 62
    E a dor? O que tem a ver com isso? 62

O SISTEMA DE DOR E ANALGESIA 63
TEORIA DO LIMIAR 64
OS FATORES DESENCADEANTES 65
    Algumas palavras sobre a cafeína 66

ESTAMOS PREPARADOS PARA A EVOLUÇÃO? 68
ALARMES DE INCÊNDIO 69
    Alarme falso 70

O RELÓGIO BIOLÓGICO E A MELATONINA 71
    Mas como isso funciona? 73

OS HORMÔNIOS 73
    O ciclo menstrual 74
    Enxaqueca menstrual 75
    Menopausa 75
    Contraceptivos orais 76
    Gravidez e lactação 76

NEUROTRANSMISSORES 77
    A serotonina 79
    A noradrenalina 79
    A dopamina 80

ANTECIPAÇÃO, UMA FACA DE DOIS GUMES:
PASSADO, PRESENTE E FUTURO 81
    E se... 84
    Os cem dias de ansiedade 84

PESSIMISMO E OTIMISMO 85
HUMOR 86
    O espectro bipolar 86
    Irritabilidade 87

RAIVA. 87
CONFLITOS MENTAIS E IMAGENS DE BRIGA. 88
MENTE ACELERADA NA VIDA MODERNA 89
TELEFONE DE DISCO E A ESPERA DO ELEVADOR 89
ALTO GRAU DE EXIGÊNCIA 91
O EXECUTIVO 92
A SUPERMULHER. 93

Capítulo 4 95

Fatores associados à enxaqueca

COMORBIDADES E FATORES DE RISCO 95
E o que significa um fator de risco? 97
O que acontece, então, se eu tiver enxaqueca? 97

A ENXAQUECA É UMA DOENÇA PROGRESSIVA? 98
Ansiedade e depressão 98

AS SÍNDROMES SOMÁTICAS FUNCIONAIS. 99
Por que isso acontece? 100

PROBLEMAS DE SONO 101
Insônia 103
Apnéia do sono 104
Ritmos biológicos. 105

TONTURA 106
USO EXCESSIVO DE ANALGÉSICOS. 107
FORAME OVAL PATENTE 109
PROBLEMAS DE MEMÓRIA .110

Capítulo 5 112

Religiosidade, espiritualidade e dor

E QUANDO A RELIGIÃO É PREJUDICIAL? 117
Uma história real 118

O QUE DEVE SER FEITO ENTÃO? 119
QUAIS INTERVENÇÕES ESPIRITUAIS/RELIGIOSAS PODEM SER UTILIZADAS? . .119

Capítulo 6 121

Tratamento: o que fazer para melhorar

O DIÁRIO DA DOR 123
    Ansiedade, humor e dor 125
    Dicas de preenchimento 126

REESTRUTURANDO O ESTILO DE VIDA 128
REEQUILÍBRIO COMO? 129
    A lei dos quatro quadrantes 129

HIGIENE DO SONO 130
EXERCÍCIO FÍSICO 131
PSICOTERAPIAS 132
TERAPIA COGNITIVO-COMPORTAMENTAL 133
PSICANÁLISE 133
HIPNOTERAPIA 134
RELAXAMENTO 134
BIOFEEDBACK 134
ACUPUNTURA 135
SHIATSU, MASSAGEM 135
IOGA 135
CUIDAR DO LADO ESPIRITUAL 136
TRATAMENTO COM REMÉDIOS 137
O QUE ESPERAR DE UM TRATAMENTO PREVENTIVO? 138
O PACIENTE DEVE PARTICIPAR DE SEU TRATAMENTO 139
NÃO LEIA A BULA! 140
ATENÇÃO! NÃO SE AUTO-MEDIQUE 142
    Antidepressivos 143
    Neuromoduladores 143
    Betabloqueadores 144
    Bloqueadores do canal de cálcio 144
    Outros medicamentos 145
    Bloqueio de nervos 146
    Internação hospitalar 146

TRATAMENTO DA CRISE 146
    Analgésicos comuns 147
    Antiinflamatórios 147
    Novos antiinflamatórios (inibidores da COX-2) 148
    Ergotaminas 148
    Triptanos 148

Relaxantes musculares 148

Antieméticos 149

ALGUMAS DICAS NA HORA DA DOR 149

Capítulo 7 . . . . **151**

Sugestões finais e o futuro

WWW.CEFALEIAS.COM.BR 152

O FUTURO 152

Ria um pouco! 154

Bibliografia 155

agradecimentos

EM PRIMEIRO LUGAR, devo agradecer o apoio familiar, que foi e é a base para tudo na minha vida, além de dedicar este livro a ela. Não posso deixar também de agradecer a meus amigos, que também considero parte da família.

Todo o trabalho foi direcionado aos pacientes que já estiveram comigo e aos que ainda estarão, pois considero este projeto uma ferramenta adicional para a minha prática clínica. Mas o livro é principalmente àqueles pacientes que nunca chegarão até mim, para que possam de alguma forma melhorar sua qualidade de vida.

Agradeço a todos que participaram da minha formação acadêmica e profissional, meu orientador e companheiro Dr. Eliova Zukerman, Dr. Wilson Luiz Sanvito (também pelo exemplo como escritor) e Dr. Paulo Hélio Monzillo, desde a época de aluno na Santa Casa. Aos colegas da Jefferson Headache Center, na Filadélfia: Stephen D. Silberstein, MD, FACP; William B. Young, MD; Todd D. Rozen, MD; Alan Stiles, DMD; Charles Siow, MD; Mary Holt, RN; Mary Hopkins, RN; Lynne Kaiser (pelo auxílio nos textos dos *papers*) e a toda a equipe de enfermeiras e auxiliares.

Aos meus alunos de pós-graduação orientados e co-orientados, Luciana Lopes, Giorgio Kenlian, Juliane Mercante (em especial também pela revisão do texto sobre psicoterapias), Fabiano Tanuri, Marcelo Masruha, Savio Vieira, Andre Gonçalves, Vera Guendler, Cely Oliveira, Luiz Paulo de Queiroz e Cynthia de Abreu. E aos alunos da liga de Cefaléia da FMABC.

Agradeço o apoio do Hospital Israelita Albert Einstein às minhas iniciativas, e ao Dr. Jairo T. Hidal, pela oportunidade de trabalho no capítulo Brasileiro do ACP (American College of Physicians).

À equipe da Editora Integrare, Maurício Machado, Luciana Tiba, Luciana Nicoleti e à Miró Editorial.

À Sonia Belloto com seu livro *Você já pensou em escrever um livro?*, importantíssimo para escritores de "primeira viagem".

prefácio

É GRANDE MINHA SATISFAÇÃO ao fazer o prefácio desta importante obra. Não se trata de uma tarefa simples informar o leigo em medicina sobre um assunto como a cefaléia, que teve, nesta última década, avanços científicos significativos.

Quem é Mario Peres?

Conheço o autor há muitos anos e acompanho sua carreira desde os tempos de sua residência médica na Unifesp – Escola Paulista de Medicina até seu curso de pós-graduação, quando tive a oportunidade de ser seu orientador. Sua tese de doutorado mostrou seu enorme potencial e abriu caminho para uma importante linha de pesquisa científica, buscando entender o mecanismo produtor das enxaquecas.

A passagem pela Filadélfia e o contato com o prof. Silberstein impulsionou sua trajetória ascendente. Hoje, além de neurologista importante do Hospital Israelita Albert Einstein, o autor tem a responsabilidade de ser professor de Neurologia da Faculdade de Medicina do ABC.

Mario Peres utiliza uma linguagem acessível e traduz de forma competente o que a ciência diz a respeito do assunto cefaléia.

Se considerarmos o momento que vivemos, sabemos das facilidades que o público em geral tem para obter informações. Na era da informática, desenvolveu-se uma nova relação entre o médico e o paciente, que muitas vezes acessa a internet para conhecer melhor seu problema de saúde. Os termos científicos, entretanto, devem ser traduzidos para que sejam corretamente compreendidos pelo paciente. E isso foi muito bem-feito nesta obra.

A dor de cabeça é explicada de forma didática, meticulosa, detalhando os diferentes tipos de cefaléia, explicando muito bem o porquê de elas aparecerem, ou seja, quais os mecanismos que a produzem.

Peres chama a atenção para as comorbidades (doenças ou alterações da saúde) que cursam em paralelo com a maioria das cefaléias. Isso é relevante na medida em que se recomenda o tratamento global do portador de cefaléia; além da análise da dor, é importante a atenção nas outras condições clínicas associadas. Os diferentes recursos de tratamento são abordados com minúcias e com espírito crítico apurado.

Com essa abordagem multifacetária, dismistifica o conceito errôneo que, para tratar de cefaléia, basta receitar um bom medicamento.

Dor de cabeça: o que ela quer com você é um livro que auxiliará, e muito, tanto os médicos como os portadores de cefaléia.

DR. ELIOVA ZUKERMAN
Prof. Adjunto da Unifesp – Escola Paulista de Medicina
Vice-Presidente do Conselho Deliberativo do
Hospital Israelita Albert Einstein

apresentação do autor

OLÁ AMIGO, PACIENTE, SOFREDOR DE DOR DE CABEÇA OU OUTRAS DORES, familiar de alguém que sofre, curioso. É!, você mesmo, olá leitor! Gostaria de me apresentar antes de iniciar este "livro-bate-bapo" com você. Sou Mario Peres, médico formado pela Faculdade de Ciências Médicas da Santa Casa de São Paulo, fiz residência em Neurologia pela Escola Paulista de Medicina (Unifesp), onde também fiz doutorado em neurologia na área das cefaléias. Morei na Filadélfia (EUA), onde trabalhei na Jefferson Headache Center, uma grande clínica, que é referência para o tratamento das dores de cabeça nos EUA. Voltei para o Brasil no final de 2001 e, em 2007, fui eleito "Fellow" do American College of Physicians – um título de prestígio na América do Norte.

Gosto de fazer pesquisa, tenho por volta de 70 artigos científicos publicados na literatura médica nacional e internacional e capítulos em livros médicos sobre dor de cabeça. Mas faltava uma obra, para mim muito importante, talvez um desafio maior do que os trabalhos feitos para a comunidade médica e científica.

Por isso, este livro é uma conquista, pois tenho enorme alegria em poder levar para o público leigo informações sobre as dores de cabeça, as famosas cefaléias.

É com satisfação que expresso aqui, para você – leitor sofredor, ou familiar de alguém que sofre de dores de cabeça, ou até profissional da área da saúde –, o entusiasmo de poder participar deste processo de conhecimento sobre as cefaléias, para que, assim, você possa começar tratamentos adequados de suas dores de cabeça.

Há hoje vários médicos interessados nesse tema, anteriormente negligenciado na medicina, o que é certamente bom, pois é possível tratar pacientes de maneira cada vez mais efetiva e bem-sucedida.

Dor de cabeça é um tema que desperta interesse em um número imenso de pessoas. E não é à toa, pois ela é uma experiência humana universal: se você ainda não teve dor de cabeça, um dia terá. Ou se você é um dos raros casos que não a conhece, alguém próximo a você sofre desse mal. Os estudos nas diversas populações, por todos os cantos do mundo, mostram que, em mais de 90% das pessoas, ao menos uma crise de dor de cabeça na vida aparece.

A motivação de levar meu conhecimento nessa área para um público que eu não teria condições de atingir com o atendimento no consultório supera a dificuldade em manejar o tempo exíguo que todos nós vivemos. Entretanto, consegui escrever este livro, finalmente!

O que você lê agora é o resultado de meu desejo. Espero ter atingido meu objetivo: dor de cabeça precisa de compreensão e discussão – tanto do médico quanto do paciente.

introdução
Dor: o que é? Por que existe?

O COMEÇO DE TODA ESTA HISTÓRIA ESTÁ EXATA-MENTE NO BOM ENTENDIMENTO da primeira parte da expressão dor de cabeça: dor. O que é dor? Como a definimos? Por que ela existe? Como fazer para que outros entendam o que "eu" sinto?

Lembro-me de uma de minhas primeiras consultas na carreira médica, ainda era aluno da Faculdade de Medicina da Santa Casa de São Paulo. Perguntei a uma paciente no pronto-socorro:

– Bom-dia, dona Maria, o que a senhora está sentindo?

– Dotô, é uma chunchada bem de ansim, aqui nu istambo.

A paciente se referia a uma dor no estômago, mas naturalmente tinha dificuldade para descrevê-la, localizá-la, traduzi-la em palavras para aquele moço que falava uma língua diferente da dela – e que se perguntava por que a paciente já não vinha para a consulta com a sua história clínica (anamnese) pronta e preenchida, coisa com que todo médico sonha para facilitar a vida.

Hoje penso que fazer detalhada anamnese talvez seja o trabalho principal do médico.

Felizmente aprendi que o início de um bom trabalho médico era exatamente este: o da tradução. Não só traduzir os matizes e sotaques de diferentes regiões do nosso país, mas, principalmente, a experiência subjetiva do paciente para uma língua com dados objetivos, ou seja, saber colocar-me no lugar daquele que está pedindo auxílio.

Mas e a definição de dor? A Associação Internacional para o Estudo da Dor (IASP – International Association for the Study of Pain) define dor da seguinte forma: "uma experiência sensória e emocional desagradável associada a uma potencial ou real ameaça ao organismo".

A dor então é um sistema de defesa do organismo, num sinal de alerta do corpo para que haja um reequilíbrio antes perdido. É um aviso para que o indivíduo se retire de um ambiente inadequado, tóxico, potencialmente lesivo. Em última análise, a dor aparece para que haja uma adaptação do meio interno com o meio externo, do organismo com o meio ambiente.

A dor de cabeça, assim como todas as demais dores, está inserida nesse contexto. Mais detalhes veremos a seguir.

Então, uma das principais perguntas quando sofremos de dor de cabeça é: O QUE ELA QUER COM VOCÊ? Por que esse sistema de extrema importância, que é o nosso sistema de dor, está sendo acionado? É isso que vamos descobrir juntos neste livro.

Capítulo 1

Histórico: Conceitos e tratamentos das cefaléias através dos anos

Para se tratar dos olhos é preciso tratar da cabeça, para se tratar da cabeça é preciso tratar do corpo integralmente, para se tratar do corpo integralmente tem que se tratar a alma. Negligenciar essa verdade é a causa de tantas falhas dos médicos gregos atualmente.

PLATÃO (427-347 a.C.)

O SER HUMANO SEMPRE TENTOU VOLTAR AO PASSADO PARA ENTENDER O PRESENTE. Estudar História, por exemplo, sempre nos leva à reflexão. Será que a cefaléia é tão-somente fruto da modernidade, da existência em nossa vida do telefone celular, da internet, cadeias de *fast-food*? Tudo isso pode até contribuir bastante, mas não é *só isso*, a dor de cabeça é antiga: há relatos de dores de cabeça e tratamentos para ela desde o Egito Antigo.

Acredite, os primeiros tratamentos datam de 7 mil anos a.C., quando se faziam trepanações (buracos no crânio de pessoas com cefaléia) para que "demônios" pudessem escapar da cabeça do paciente. Felizmente os tratamentos melhoraram, não?

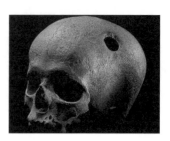

▶ Figura de crânio que sofreu trepanação em vida como forma de tratamento para dor de cabeça.
Fonte: Headache Atlas

O deus egípcio Sobek, concretizado pela imagem de um crocodilo, era uma divindade que simbolizava a terra (Geb), água (Osíris), fogo (Rá) e ar (Shu). A causa das doenças em geral era atribuída ao desequilíbrio dessas forças, por isso os egípcios antigos tratavam as dores de cabeça amarrando sobre a cabeça dos pacientes um crocodilo de argila e associavam a essa estratégia preces e imposição de mãos. Os convênios médicos de hoje provavelmente não cobririam esse tipo de tratamento!

◀ Figura de tratamento egípcio para dores de cabeça à base de preces, imposição de mãos e um crocodilo amarrado na cabeça.
Fonte: Headache Atlas

Há relatos de cefaléia entre os deuses gregos. Zeus, com medo de que sua esposa Métis desse à luz um filho mais forte que ele, engoliu a mãe grávida. Quando chegou a hora de sua filha Palas Atena nascer, Zeus começou a ter dores de cabeça. Prometeu (Hefestos), vendo o sofrimento do deus, cortou sua cabeça com um machado dourado, e foi assim que Atena nasceu da cabeça de seu pai, que sobreviveu, pois era imortal.

Hipócrates, famoso médico da Grécia Antiga (460-370 a.C.), já descrevia características da enxaqueca em seus relatos: "Se um paciente se queixa de dor de cabeça e pontos escuros na visão, vômitos biliosos aparacerão". Prescrevia ervas que causavam vômitos para cessar as cefaléias. O médico Alexandre de Tralles (525-605 d.C.) atribuía a causa das dores a uma hiperfluidez de humores biliosos e as tratava com eméticos (substâncias para provocar vômitos), purgativos, laxativos, além de proibir comidas gordurosas.

No século XVII, Thomas Willis deu o primeiro passo para melhor entendimento das cefaléias. Sua teoria dizia que, na hora da dor, as artérias do cérebro inchavam.

O grande marco, porém, veio quando Michael Moskowitz, da Universidade de Harvard, em 1984, apresentou a teoria trigêmino-vascular, propondo que as cefaléias têm origem não só nas artérias mas também nos neurônios, as células do cérebro.

Um brasileiro também teve importância histórica no desenvolvimento científico das cefaléias: o médico e professor Aristides Leão, que demonstrou o fenômeno da "depressão alastrante", hoje conhecido como o provável mecanismo da aura da enxaqueca.

Aura é um fenômeno neurológico transitório que normalmente antecede ou acompanha crises de cefaléia, especialmente a enxaqueca; são aqueles pontinhos luminosos, linhas em ziguezague ou pontos escuros, que duram de 5 a 60 minutos e desaparecem. Aura também pode aparecer como perda de força ou formigamento de um lado do corpo (ver p. 45).

UM PROBLEMA DE TODOS

A lista de intelectuais e celebridades sofredoras de cefaléia não é pequena. Só para citar alguns, Miguel de Cervantes, escritor de *Dom Quixote*; Thomas Jefferson, figura central da independência norte-americana; Sigmund Freud, o criador da psicanálise; Napoleão Bonaparte; Karl Marx; Júlio César, imperador romano; Edgar Allan Poe, poeta e prosador; Lewis Carroll, autor de *Alice no país das maravilhas*; os músicos Tchaikovsky e Chopin; o biólogo Charles Darwin, entre tantos outros.

Ao longo dos séculos, a medicina passou por diversas fases. Os médicos do passado nos ensinaram a olhar aspectos diversos e separados do ser humano, mas agora é hora de encarar o homem como um todo.

Até recentemente, a medicina se especializava, tanto que só conseguia ver parte da totalidade do ser. É como a história dos homens cegos com o elefante: um homem pega na pata e acha uma coisa, o outro pega na tromba e acha outra, um terceiro pega no rabo e acha ainda que é uma terceira coisa, diferente – e nenhum dos três tem a visão do todo. A visão correta é, sem dúvida, a do todo, para perceber o elefante como um todo. É dessa forma que caminhamos no conhecimento humano.

Cefaléia ou dor de cabeça?

O que é cefaléia? Cefaléia nada mais é que o termo científico, a palavra que os médicos usam para dor de cabeça. Significam absolutamente a mesma coisa. A palavra cefaléia vem do latim *cephalaea* que, por sua vez, tem origem no grego *kephalaía*.

cefaléia ═ dor de cabeça

E o significado popular de dor de cabeça? Soam muito familiares algumas frases como: "Este menino está me dando uma dor de cabeça!", "Estas contas para pagar me dão uma dor de cabeça!", "Esse time só me dá dor de cabeça!".

Para exemplificar, vamos fazer uma pesquisa no site de um jornal de alta circulação em São Paulo e colocar na área de busca a palavra "dor de cabeça".

Veja o resultado, em dois exemplos tirados do jornal *O Estado de S. Paulo*:

Fazer seguro da bagagem é uma dica para quem quer evitar dor de cabeça. *As companhias aéreas recomendam que a mala seja trancada e identificada interna e externamente.* **(4/12/07)**

A rebelião de alguns parlamentares governistas está inclinando a balança em favor da oposição e causando mais uma dor de cabeça *para a presidente Michelle Bachelet.* **(21/11/2007)**

Como se vê, é tão comum o uso da expressão como sinônimo de "preocupação" ou de "ressaca" que, a partir disso, se pode constatar seguramente a familiaridade e o valor da cefaléia na vida das pessoas. Devidamente incorporada na nossa linguagem, a dor de cabeça é sempre metáfora de um mal a ser evitado.

Nos dias de hoje, as pesquisas sobre por que a dor aparece e como ela deve ser tratada estão bem avançadas. Até há pouco tempo, o foco principal do tratamento era aliviar a dor apenas quando ela aparecia; o uso dos analgésicos era a principal conduta médica orientada, que se ampliou com o advento dos triptanos – classe de remédios descobertos com a finalidade específica de tratar a crise da enxaqueca. Esses realmente se mostraram superiores aos analgésicos simples, por isso os tratamentos se direcionaram ainda mais para apagar o "incêndio", mas não no sentido de evitar que ele aconteça.

Atualmente, porém, o conceito principal de tratamento é mais racional: tem como objetivo a prevenção, a perspectiva de evitar que a dor apareça, a chamada profilaxia.

Vejamos, então, os diversos tipos de dor para entender seus mecanismos, e, mais adiante, abordaremos as possibilidades de tratamento.

Capítulo 2

As dores de cabeça

A enxaqueca é menos comum nos homens, concentrada no período de vida de atividade sexual; ocorre após um acúmulo de estímulos internos e externos, é caracterizada por surtos periódicos e é resultado de uma etiologia complexa.

SIGMUND FREUD

Cefaléias: muitas causas, muitos tipos

EXISTEM MUITAS CAUSAS PARA AS CEFALÉIAS E TAMBÉM MUITOS TIPOS DE CEFALÉIAS. Nós as dividimos basicamente em dois grandes grupos: as cefaléias primárias, que têm como exemplo principal a enxaqueca, e as cefaléias secundárias.

Vamos explicar antes as cefaléias secundárias. Seu conceito é simples: a dor de cabeça é causada por uma outra doença, que tem como manifestação clínica a dor de cabeça. Em muitos casos é assim que gostamos de ver as doenças, como um ciclo monofásico, que aparece e vai embora; tratamos uma infecção, cura-se um tumor qualquer e os sintomas desaparecem.

A dor de cabeça secundária pode ocorrer em razão de uma lista grande de alterações do organismo e da sua interação com o ambiente. As cefaléias secundárias podem ser causadas por:

- traumas cranianos e/ou cervicais (batidas na cabeça e/ou pescoço);
- doenças que afetam as artérias, veias e a circulação do cérebro (aneurismas, isquemias e sangramentos no cérebro);
- doenças que aumentam ou diminuem a pressão de dentro da cabeça (não confundir com pressão arterial);
- tumores cerebrais;
- ingestão ou exposição a produtos químicos nocivos e tóxicos (gás carbônico, álcool, drogas, glutamato monossódico, Aji-no-moto®);
- uso excessivo de analgésicos ou retirada súbita de substâncias (opióides e cafeína);
- infecções (no cérebro ou em qualquer lugar do corpo);
- alteração metabólica, por desequilíbrio do funcionamento do organismo (alterações de hormônios, da pressão arterial, da oxigenação);
- problemas das estruturas pericranianas, ou seja, qualquer problema de olhos, ouvido, nariz e seios da face, dentes e ATM[1], pescoço.

Veja nesta tabela:

Grupo	Exemplos
traumas cranianos ou do pescoço	acidentes de carro, batidas na cabeça
doenças das artérias, veias ou circulação cerebral	aneurismas, isquemias ou sangramentos
aumento ou diminuição da pressão intracraniana	hidrocefalia, cefaléia pós-raquianestesia
tumores cerebrais	gliomas, meningiomas, metástases
produtos químicos	gás carbônico, álcool, drogas, Aji-no-moto®, analgésicos, retirada de opióides ou cafeína
infecções	cerebrais (meningites); no corpo (gripes, sinusites, pneumonias, infecções urinárias)
desequilíbrios do organismo	hormonais (tireóide, adrenal, ovários), pressão arterial, oxigenação
doenças de estruturas pericranianas	doenças dos olhos, ouvidos, nariz, seios da face, dentes, ATM, pescoço

1 A sigla se refere à articulação têmporo-mandibular.

Diferentemente das cefaléias secundárias, as cefaléias primárias são aquelas em que os próprios sintomas e características da dor definem a doença do paciente. Nas cefaléias primárias, a ocorrência da dor de cabeça é a doença. As cefaléias primárias são agrupadas em cinco grandes grupos: enxaquecas; cefaléia do tipo tensional; cefaléia em salvas[2] e cefaléias trigêmino-autonômicas[3]; neuralgias e dores faciais; outras cefaléias.

Veja uma tabela das cefaléias primárias:

Grupo	Tipos
Enxaqueca	• enxaqueca sem aura • enxaqueca com aura • enxaqueca crônica (mais de 15 dias de dor por mês) • enxaqueca menstrual • enxaqueca cíclica • precursores da enxaqueca na infância
Tensional	• episódica não-freqüente • episódica freqüente • crônica (mais de 15 dias de dor por mês)
Cefaléia em salvas e trigêmino-autonômicas	• cefaléia em salvas (crônica e episódica) • hemicrania contínua • hemicrania paroxística crônica • SUNCT[4]
Neuralgias e dores faciais	neuralgia do trigêmeo neuralgia do glossofaríngeo neuralgia occipital neuralgia supraorbital neuralgia pós-herpética síndrome de Tolosa-Hunt
Outras cefaléias	cefaléia em facadas cefaléia hípnica[5] cefaléia da tosse cefaléia do exercício cefaléia da atividade sexual

2 Cefaléia em salvas: dor de extrema intensidade, mais comum no homem do que na mulher, localizada em um lado da cabeça, acompanhada de lacrimejamento, inchaço da pálpebra, olho vermelho, com crises na média de 45 minutos de duração, com uma predileção para aparecer em determinados períodos do ano, e determinadas horas do dia. (Veja mais, na p. 51)
3 Cefaléias trigêmino-autonômicas: dores de um só lado da cabeça, acompanhadas de lacrimejamento, olho vermelho, inchaço da pálpebra, obstrução e coriza nasal.
4 Ver p. 48 ("Tipos curiosos de dor de cabeça").

Devemos saber que as cefaléias secundárias podem ter características da cefaléia primária; por exemplo, uma batida na cabeça pode originar uma dor de cabeça do tipo enxaqueca ou uma cefaléia em salvas; da mesma forma, um eventual tumor cerebral pode se manifestar como uma dor de cabeça do tipo tensional.

Para uma idéia mais clara, veja a figura abaixo[5]

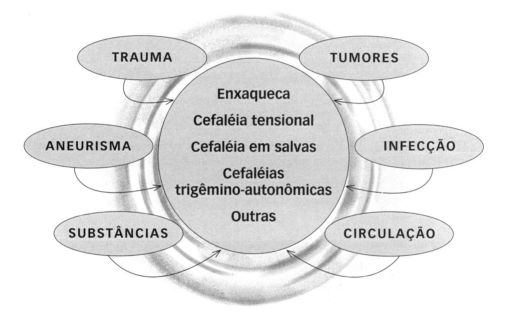

A Sociedade Internacional de Cefaléias publicou pela primeira vez, em 1988, critérios para se definir um ou outro tipo de dor de cabeça, que foram atualizados em segunda edição em 2004.

Antes disso, em 1964, tinha havido um consenso para diagnosticar enxaquecas ou outro tipo de dor (sem muitas regras), mas o que era chamado de "enxaqueca", "cefaléia tipo tensional", "cefaléia em salvas" por um médico não recebia necessariamente o mesmo nome que outro lhe dava.

---

5 Ver p. 48 ("Tipos curiosos de dor de cabeça").

A partir de 1988, desfez-se a Torre de Babel que existia, ainda que não completamente, como veremos adiante, mas foi um grande passo. Foi publicada a primeira edição da Classificação Internacional das Cefaléias, pela International Headache Society, a Sociedade Internacional de Cefaléias. Após esses critérios diagnósticos, passou-se a definir melhor a enxaqueca e outras cefaléias, o que foi a base para o avanço no conhecimento das dores de cabeça.

Fique de olho nas *red flags*

Mas o que nos faz pensar em um diagnóstico ou outro? Como conseguimos definir se a dor de cabeça é por causa de um tumor ou se é uma cefaléia primária como a enxaqueca? Quais são os sinais de alerta, que características da dor nos fazem suspeitar de uma causa perigosa para a dor de cabeça do paciente?

Felizmente existem as *red flags* (ou bandeiras vermelhas): são certos sinais das dores de cabeça que fogem às das cefaléias primárias; portanto, quando ocorrem esses sinais, aí sim, suspeitamos de uma cefaléia secundária; ou seja, suspeitamos que a dor possa ocorrer por causa de outra doença que não a cefaléia tensional ou a enxaqueca, ou qualquer outra cefaléia primária.

Algumas situações merecem um alerta especial, vale a pena uma descrição dos tipos mais importantes. Cefaléias de início súbito, com piora progressiva ou mudança no padrão anterior da dor merecem uma reavaliação para certificar-se de que tudo esteja bem, de que não há nenhuma outra doença por trás.

Vejamos alguns sinais de alerta, que servem aos médicos. Não vá, porém, "achar" que é seu caso!

- Dor em um dos olhos, olhos vermelhos e perda visual: pode ser glaucoma.
- Dor de início recente em uma das têmporas, perda visual progressiva em indivíduo acima dos 50 anos de idade: pode ser arterite temporal.

- Dor de cabeça, febre e rigidez na nuca: pode ser meningite.
- Dor de cabeça e febre: pode ser infecção.
- Dor de cabeça em quem tem câncer diagnosticado: precisa de investigação.
- Dor de cabeça em quem tem Aids ou outra doença infecciosa diagnosticada: precisa de investigação.
- Dor de cabeça freqüente com alteração visual e zumbido em pessoa acima do peso: pode ser por hipertensão intracraniana benigna.
- Problemas de sono, tonturas, dificuldade de concentração e dor de cabeça podem ocorrer após traumatismo craniano.
- Em uma história recente de dor de cabeça e desmaios deve ser descartado um tumor cerebral.
- Dor de cabeça matinal, ou acordando cedo o paciente, que ronca à noite, cochila de dia, e está acima do peso: pode ser por apnéia do sono.
- Dores de cabeça freqüentes após o uso contínuo de estimulantes, anfetaminas, sildenafil (Viagra®), hormônios, nitratos (medicamentos para o coração), estatinas (medicamentos para colesterol) e alguns antidepressivos (bupropiona): podem ser pelo tipo de remédio.
- Dores de cabeça, muito sono, cansaço, depressão, inchaço, aumento de peso, intestino preso: podem ser por hipotireoidismo (baixo funcionamento da tireóide).
- Dores de cabeça, insônia, ansiedade, tremores, sudorese, perda de peso, diarréia: pode ser por hipertireoidismo (hiperfunção da tireóide).
- Qualquer dor de cabeça que se associe à perda visual ou visão dupla, ou perda de força em uma metade do corpo, ou dificuldade para falar ou andar deve ser investigada. Pode ser até uma aura[6] da enxaqueca, mas precisa de uma investigação apropriada.
- Uma dor de cabeça aguda e súbita, como se a pessoa tivesse recebido uma paulada na cabeça: pode ser aneurisma.
- Cefaléias por esforço físico, atividade sexual ou tosse precisam de avaliação médica, pois podem ser cefaléias benignas, mas podem também ser por aneurismas e outras doenças vasculares.

---

6 Ver "A aura" na p. 45.

Como o médico diagnostica a enxaqueca?

Como um médico consegue fazer o diagnóstico de enxaqueca? Há, felizmente, regras bem definidas: de início, devemos, com qualquer dor de cabeça, excluir a possibilidade de ser uma cefaléia secundária. Para isso, é preciso não ter nenhuma *red flag* ou seja, nenhum sinal de alerta. As características da dor precisam preencher alguns critérios diagnósticos, ou seja, uma série de itens que estejam obrigatoriamente presentes para definir o diagnóstico.

Dois dos tipos de dor de cabeça primária emergem como as mais comuns: a enxaqueca e a cefaléia do tipo tensional. Curiosamente, ambas são cefaléias no "espelho", ou seja, invertidas: o aspecto que uma tem a outra não tem.

Enxaqueca e cefaléia tensional: dois lados da mesma moeda

A dor típica da enxaqueca é pulsátil, latejante, é forte, é só de um lado da cabeça, a luz e o barulho incomodam, a pessoa apresenta náusea, às vezes vômitos e a dor piora com exercício físico ou atividades rotineiras. A dor da cefaléia tensional é mais fraca, não lateja, ocorre dos dois lados da cabeça, não provoca náuseas; barulho e luz não incomodam, ou seja, é uma "não"-enxaqueca.

Para melhor compreensão, veja, na tabela ao lado, alguns critérios para definição de enxaqueca e cefaléia do tipo tensional.

Exames úteis e inúteis

O diagnóstico da enxaqueca está no consultório, é clínico, não precisa de exames; o médico obtém a história do paciente, coleta e analisa as informações dadas por ele tanto espontaneamente quanto dirigidas pelas perguntas específicas feitas; examina o paciente e, se não aparecer nenhum sinal de alerta no exame ou na história clínica, se as características da dor de cabeça preencherem critérios diagnósticos de alguma cefaléia primária, pronto!, está feito o diagnóstico.

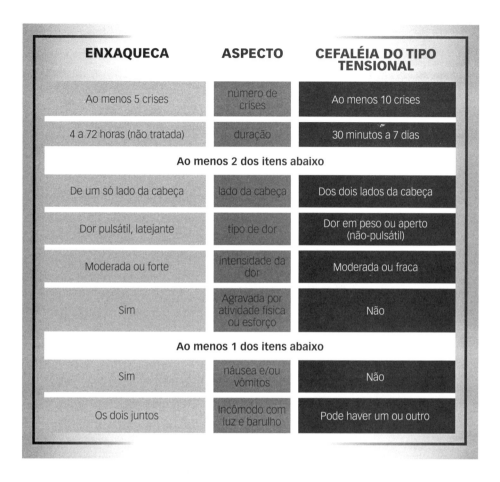

Assim, o principal exame para avaliar dores de cabeça não é de imagem, nem de laboratório, e sim o exame das características da dor e do exame clínico e neurológico feito pelo médico. Somente em alguns casos solicitamos exames para afastar ou diagnosticar determinadas condições. Veja abaixo em que situações nós precisamos deles.

Exames laboratoriais

HEMOGRAMA. Avalia o nível das células vermelhas, brancas e plaquetas, avalia se há anemia, se há sinais de infecção e parte da integridade da coagulação do sangue.

GLICEMIA DE JEJUM. Avalia se há diabetes; em casos de necessidade de utilizar corticóides para o tratamento da dor, pode ser necessária a avaliação periódica da glicemia.

TSH, T4 LIVRE, ANTICORPOS ANTITIREÓIDE. Avaliam se há hipo ou hipertireoidismo (funcionamento da tireóide baixo ou alto).

ESTUDO DO COLESTEROL. Diretamente não há interferência nas dores de cabeça, mas esse exame pode ser importante para monitorar o estado geral de saúde e fatores de risco para doenças cardiovasculares.

COAGULOGRAMA. Estuda a coagulação do sangue.

TGO, TGP, GAMA GT, BILIRRUBINAS, SOROLOGIA PARA HEPATITES. Avalia o estado do fígado – não que ele seja a causa de qualquer dor de cabeça (veja adiante "Mitos", na p. 54) –, mas utiliza-se para monitorar o efeito de certos remédios no organismo.

Exames de imagem

RAIO X DE CRÂNIO. Hoje não serve para muita coisa, pois existe a disponibilidade da tomografia e da ressonância magnética; torna-se, por isso, um exame dispensável.

TOMOGRAFIA COMPUTADORIZADA. Foi o primeiro exame que pôde enxergar com detalhe por dentro do cérebro, revolucionou então a neurologia. É um exame mais barato que a ressonância magnética, mais rápido, mais disponível, e é bom para uma avaliação inicial. Além disso, apresenta algumas vantagens como melhor avaliação das estruturas ósseas e é muito bom para diagnóstico das sinusites.

RESSONÂNCIA MAGNÉTICA. É um dos exames mais modernos. Avalia com mais precisão alguns aspectos no cérebro. Pode-se fazer também a angiografia por ressonância, que avalia vasos, artérias e veias do cérebro e do pescoço. Esse exame é muito útil também para o estudo da coluna cervical. A ressonância pode ser difícil para algumas pessoas, pois o espaço físico dentro da máquina não é dos mais amplos. Existem aparelhos de campo aberto, com mais espaço, mas ainda assim, desagradáveis para claustrofóbicos.

Outros exames

ELETROENCEFALOGRAMA. Não tem utilidade em cefaléias, mas pode ser importante para definir se há algum tipo de epilepsia associada a ela – quando há desmaios ou alterações visuais atípicas de aura da enxaqueca.

EXAME DO LÍQUIDO CEFALORRAQUIDIANO (LÍQUOR). É um exame essencial para avaliação das cefaléias, pois através dele se diagnosticam as meningites e hipertensão intracraniana. Em casos mais refratários, necessitamos muito desse exame.

DOPPLER TRANSCRANIANO. É um exame novo, de muita importância em neurologia, pois pode ser muito útil na avaliação das cefaléias. Com o teste de microbolhas, pode-se detectar uma alteração circulatória no organismo. É o primeiro exame, o *screening* (assim chamado por ser o exame número um para detectar um problema) para a presença de um *shunt* direito-esquerdo – quer dizer, para ver a passagem do sangue de um lado para outro do coração, que posteriormente, com o ecocardiograma, diagnosticamos.

POLISSONOGRAFIA. Exame importante, utilizado para o diagnóstico de problemas de sono, para dores de cabeça que ocorrem durante a noite, e quando há suspeita de apnéia do sono, síndrome das pernas inquietas[7]. O indivíduo dorme no laboratório de sono, em hospital ou clínica, e são monitorados a sua respiração, oxigenação, movimentos de perna, eletroencefalograma, ritmo cardíaco, posição do corpo durante o sono, permitindo correta mensuração de problemas de saúde.

O *continuum* enxaqueca – cefaléia tensional

Você sabe o que é *continuum*?

Em 1973, Walters e outros pesquisadores colocaram em palavras a idéia do *continuum*. Mas, é claro, poucas vezes os pacientes, sofredores de dor de cabeça, lêem diagnósticos nos livros médicos. Então, vou resumir para você.

A teoria do *continuum* fala sobre um espectro de manifestações, polarizado em dois lados: de um lado a enxaqueca e de outro a cefa-

---

7 Ver "Síndrome das pernas inquietas", na p. 105.

léia tensional. Um mesmo indivíduo pode ter, um dia, uma crise com intensidade alta, vomitando, com dor latejante, de um só lado da cabeça, tendo de ficar deitado na cama: uma crise de enxaqueca; e noutro dia ter uma dor mais leve, em peso, sem latejar, sem náusea, dos dois lados da cabeça, continuando a trabalhar sem tanto problema: é uma crise de cefaléia tensional. E se uma crise for latejante e forte, mas sem náuseas, sem incômodo com a luz e barulho? É enxaqueca ou cefaléia tensional?

Pois é. Esse é um dois maiores problemas na área das cefaléias porque, ao definirmos enxaqueca segundo os critérios descritos na tabela, deixamos de diagnosticar um quadro completo, sem todas as características que, na verdade, são também tão comuns e incapacitantes nas enxaquecas quanto nas cefaléias do tipo tensional. É por isso que hoje chamamos de "provável enxaqueca".

A teoria do *continuum* aceita o pólo enxaqueca e o pólo tensional como pontas de uma mesma reta, ou os dois lados da mesma moeda. Compreenda melhor com o gráfico adiante:

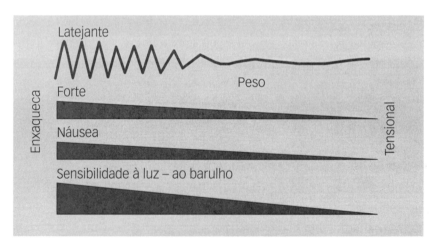

▲ A idéia do *continuum* entre a enxaqueca e a cefaléia tensional mostra que no lado da enxaqueca a dor é mais forte, a característica é mais pulsátil, latejante, ocorre mais náusea, mais incômodo com luz e barulho.

As características dos módulos

A teoria modular

Quando trabalhei na Filadélfia (EUA), em 2000 e 2001, tive o privilégio de conviver com cientistas brilhantes e com talentos especiais para entender as dores de cabeça e tratar pacientes com esse mal. O chefe era (e ainda é) o famoso Dr. Stephen Silberstein, o Steve – um ser de uma produtividade espetacular e inteligente o suficiente para ter pessoas igualmente brilhantes a seu lado. Era esse o caso do William B. Young, o Bill, clínico de mão-cheia, um dos melhores médicos que já vi atuar, dedicado, paciente, idealista. Havia também Todd Rozen. E todos nós conversávamos o tempo todo. Acompanhado por eles, pude pôr lenha na fogueira e ajudar a amadurecer e escrever um artigo que se tornou a teoria modular das cefaléias, publicado em 2001.

Essa teoria simplesmente aceita que os sintomas ocorrem não necessariamente agrupados, conforme arbitrariamente definidos, e que podem existir aspectos de uma cefaléia em outros tipos de dores de cabeça. O conceito de que ver uma aura não é um fenômeno exclusivo da enxaqueca e que pode ocorrer em outras cefaléias é um dos respingos dessa teoria. Assim, nós, médicos, podemos ter uma série de características e aspectos das dores de cabeça – sem esquecer que qualquer combinação entre elas será válida.

O professor Eliova Zukerman[8] nos explica que, quando um paciente está para nascer, ele escolhe um gene da dor que lateja, um gene da náusea, um gene de cada aspecto que ele apresenta no seu quadro clínico, como se estivesse colocando numa cesta de frutas uma seleção especial.

É tudo enxaqueca mesmo...

O que quero dizer a você é que, para o médico atento, vale tudo, ele não deve ater-se a "rótulos diagnósticos" e deve ir mais a fundo para poder traçar um plano terapêutico que seja abrangente para o paciente.

---

8 Professor da Unifesp, com quem tive o prazer de dar os meus primeiros passos na Neurologia, de ter recebido sua orientação no meu doutorado, com quem até hoje compartilho trabalhos e projetos.

Nós, médicos, não podemos fugir de um diagnóstico; então usemos aquele que mais conhecemos: enxaqueca. Gosto quando escuto comentários de colegas: "É tudo enxaqueca mesmo!" ou "Cefaléia tensional é uma enxaquequinha!", como diz Dr. Paulo Monzillo.

Na tabela abaixo destaco, para você entender, e talvez ajudar seu médico, as principais características presentes nos pacientes com cefaléia.

Características da dor	Fatores acompanhantes	Sintomas associados
• dor latejante • só de um lado • piora com esforço	• náusea / vômitos • incômodo com a luz / barulho • aura • lacrimejamento / olho vermelho / inchaço-queda palpebral • irritabilidade	• dor no corpo • problemas de sono • fadiga • tontura • desânimo, depressão • ansiedade

Freqüência e duração

Quantas vezes aparece por dia ou mês? Quanto tempo dura a sua dor?

Um dos pontos importantes da manifestação das cefaléias é a freqüência e a duração das crises. A freqüência é dividida em episódica e crônica. Mas o que significa isso? Se as crises aparecem num intervalo de menos que 15 dias no mesmo mês, dizemos que a cefaléia é episódica; se ela for de freqüência maior, ou seja, você vive mais da metade do mês com dor, então nós a chamamos de crônica. Essa distinção vale para a enxaqueca e para a cefaléia tensional.

Existem alguns padrões típicos de algumas cefaléias em relação à sua periodicidade; pode haver uma oscilação ao longo do ano, uma predileção para determinadas épocas, estações do ano. Adiante, dou exemplos de periodicidade–freqüência.

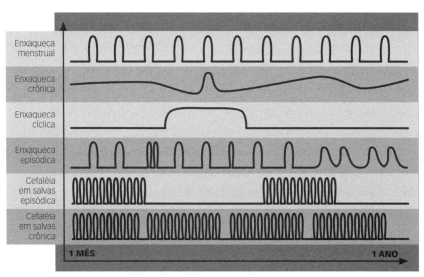

▲ A figura mostra os diversos padrões de freqüência de crises nas cefaléias primárias.

A duração das crises define muito a característica da cefaléia. Existem dores contínuas, dores com horários do dia predeterminados (madrugada, manhã, tarde), dores de curta duração, algumas de segundos (como as neuralgias), outras de poucos minutos (hemicranias paroxísticas), de poucas horas (cefaléia em salvas) e até de várias horas (enxaqueca).

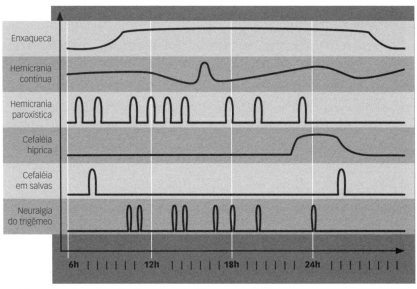

▲ A figura mostra a duração das crises de diferentes cefaléias.

Agora faça um diário!

A freqüência e duração das crises é crítica para o diagnóstico e tratamento das cefaléias. Por isso, é importantíssimo que se preencha um diário da dor; através dele, descobrem-se com mais exatidão as características, a periodicidade, a intensidade e a duração das dores.

Você ajudará muito seu médico a entender os desencadeantes e explorar aspectos que podem ser definitivos para o sofredor de enxaquecas e outras dores. Há uma série de tipos de diários, dos quais falaremos mais no Capítulo 6.

Fenômenos precedentes e acompanhantes

> **A enxaqueca apresenta quatro fases: o pródromo, a aura, a fase de dor e a de resolução**

Pródromo

Por incrível que pareça, dessas quatro fases, apenas uma apresenta dor; a despeito disto todas elas existem bem definidamente.

A fase de pródromo, também chamado de sintomas premonitórios, é um aviso de que vai acontecer a dor. Cerca de dois terços dos pacientes conseguem (se bem-orientados pelo médico) perceber a fase de pródromo. Ocorre de 12 a 24 horas antes de iniciar a dor; a pessoa pode sentir sonolência, lentificação, irritabilidade, bocejos, sensibilidade à luz e barulho e imensa vontade de comer doces, especialmente chocolate. Essa é uma grande janela de oportunidade para tratamento, pois a enxaqueca já começou. É a melhor fase para começar a tratar a crise.

Náuseas, vômitos, incômodo com a luz e barulho

Junto com a dor, muitos sintomas e sinais podem aparecer. Alguns são notados de longe por qualquer pessoa que olhe para quem está em crise; outras, só mesmo quem sente é que pode dizer. Dentre os sintomas invisíveis estão a náusea, sensibilidade à luz, a barulho e cheiros.

A náusea aparece com muita freqüência durante as crises de enxaqueca e outras cefaléias. Quando é muita intensa, leva até a vômitos. Muita confusão se cria por causa da associação desses sintomas[9]. A idéia de que a dor veio de algo que a gente comeu é bem intuitiva e natural, mas não é o que acontece na imensa maioria das vezes. A náusea é simplesmente um "sócio" da dor de cabeça, um fenômeno associado que aparece por causa da dor. Muitos pacientes relatam que logo após os vômitos a dor passa, o que é outro mito, como veremos adiante.

Sensibilidade à luz, a barulho e cheiros são chamados, respectivamente, de fotofobia, fonofobia e osmofobia. A imagem clássica de uma crise de enxaqueca é imaginarmos uma pessoa num quarto escuro e silencioso. Há vários graus de sensibilidade a barulho e luz: há pessoas que apenas não agüentam a claridade forte de um dia ensolarado e há outras que andam de óculos escuros pois não toleram a claridade de jeito nenhum.

Se você quer mesmo saber, essa história de sensibilidade à luz e ao barulho é um ponto de dificuldade para os médicos ao tirar a informação do paciente, pois a pergunta mais comum é: Você tem incômodo com a luz ou com o barulho? Se a foto ou fonofobia é leve, o paciente pode dizer "não", mas assim mesmo apresentar uma ou outra. É preciso insistir no diagnóstico e exemplificar com situações do dia-a-dia: luz e barulho da televisão, a claridade de um dia de sol, o barulho de criança brincando ou de uma buzina.

A aura

Não confunda aura com áurea – aquela energia ou luz que envolve o corpo que alguns místicos conseguem perceber, ver e mensurar. Aura é um fenômeno neurológico focal com origem no córtex cerebral ou tronco cerebral que precede ou acompanha a dor. Muito prazer, diz você: pode traduzir?

Bem, essa é a definição científica, letra por letra. Na verdade, a aura é uma imagem, que funciona como um aviso de que a dor vai apa-

---

9 Como veremos a seguir em "Mitos", na p. 54.

recer, e em alguns casos pode até acompanhar a dor. As auras como alterações visuais são as mais comuns, mas pode acontecer perda de força e/ou formigamento em uma metade do corpo, dificuldade para andar e falar.

Interessante é que a aura tem uma marcha, uma progressão: ela começa devagar, expande ou cresce, fica uns minutos e some. Veja o quadro e tente imaginar a experiência causada pela aura.

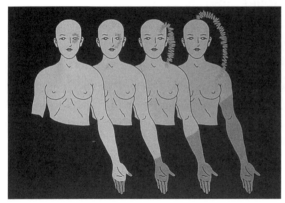

◄ Figura mostra a aura visual e a aura de formigamento (parestesia), expandindo-se com o passar do tempo.
Fonte: Headache Atlas

Outras alterações visuais como embaçamento, moscas volantes ou luzes por poucos segundos podem confundir-se com a aura, mas não fazem parte do sintoma.

A aura normalmente dura de 5 a 60 minutos. Se durar mais que uma hora, chamamos de aura prolongada. Em geral, vêem-se pontos luminosos, linhas em ziguezague ou pontos escuros, com formato de semilua ou redondos.

A existência da aura era até há pouco tempo associada apenas à enxaqueca, mas recentes relatos mostraram que ela pode aparecer em vários tipos de cefaléia primária.

Só para você saber: a equipe do professor Peter Goadsby, na Inglaterra, descreveu aura em hemicrania paroxística[10]; o grupo de Stephen Silberstein, na Filadélfia, relatou uma série de casos de aura em cefaléia em salvas.

---

10 Ver p. 49.

Hoje, para o bom trabalho dos médicos, a classificação internacional das cefaléias, em segunda edição, publicada em 2004 pela Sociedade Internacional de Cefaléias (International Headache Society), felizmente já incorporou o conceito, portanto já considera a existência da aura no diagnóstico de outra cefaléia, e não somente da enxaqueca.

Vale aqui uma nota sobre o mecanismo da aura, que tem como base uma descrição do cientista brasileiro Aristides Leão. A depressão alastrante foi descrita várias décadas atrás; dizia-se que era como aquele fenômeno de propagação de ondas, quando a gente joga uma pedra no lago e as ondas vão se alastrando. Ocorre o mesmo no cérebro, e essa evolução de processos está por trás das alterações visuais que vemos na enxaqueca. Há vários tipos de aura visual, como pontos escuros, pontos luminosos, perda de uma parte do campo visual, perda da organização, da geometria das figuras (como nos desenhos de Picasso).

Fenômenos autonômicos

Fenômenos autonômicos são uma série de manifestações, normalmente bem visíveis para quem está observando a pessoa em crise; estão sempre presentes nas cefaléias em salvas e podem aparecer em enxaquecas. Ocorrem, na maioria das vezes, de um lado só da cabeça, ou melhor, nos olhos e na face do mesmo lado da dor. Lacrimejamento, olhos vermelhos, edema (inchaço) da pálpebra, queda (ptose) da pálpebra, sudorese da face, obstrução nasal e coriza são os fenômenos que podem também ocorrer. Veja a figura:

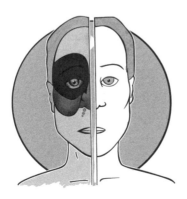

◄ Representação dos fenômenos autonômicos acompanhantes do lado da dor: lacrimejamento, olho vermelho, inchaço da pálpebra.

Tipos curiosos de dor de cabeça

Alguns tipos de dor de cabeça são peculiares, quer seja pela sua manifestação, quer seja pela natureza do seu desencadeamento ou até mesmo pelo seu tratamento. Leia, a seguir, alguns exemplos.

As *cefaléias do esforço físico* são tipos de dor que nos fazem pensar em outras doenças, circulatórias, ou problemas de artérias e veias. É preciso uma investigação diagnóstica específica. É um tipo de dor que pode ocorrer por qualquer esforço físico: tosse, espirro, evacuação e exercício físico ou atividade sexual.

A *cefaléia da atividade sexual* é ainda subdividida em *cefaléia pré-orgasmática*, que é uma dor em peso na cabeça e pescoço que ocorre durante a atividade sexual e aumenta conforme a excitação sexual, e a *cefaléia orgasmática,* como o próprio nome diz, ocorre durante ou após o orgasmo, de maneira súbita e muito intensa, chegando a ser explosiva.

A *cefaléia por estímulo frio* ocorre após a ingestão de algum alimento ou bebida muito fria. A *cefaléia do sorvete* é um subtipo, e a explicação para ela está na sensibilidade do nervo trigêmeo para temperaturas muito baixas.

Cefaléia dos óculos de natação, ou cefaléia da compressão externa, ocorre quando óculos de natação apertam muito a cabeça da pessoa, ou também faixas, tiaras, bandanas utilizadas por mulheres ou por desportistas em geral.

Cefaléia do banho quente. Incrível, não é? É rara, felizmente. Foi descrita pela primeira vez por japoneses, e ocorre após qualquer exposição térmica à água quente.

Cefaléia do restaurante chinês. É em razão do glutamato monossódico, o Aji-no-moto®. O glutamato é um aminoácido excitatório do cérebro.

A *Cefaléia em trovoada* não é por causa de uma trovoada, mas pelo tipo de dor que ocorre, como se fosse uma trovoada.

A *cefaléia da diálise* merece destaque, pois foram pesquisadores brasileiros que a descreveram: Ana Antoniazzi, Marcelo Bigal, Carlos Bordini e José Geraldo Speciali.

Cefaléias hemicranianas: quando dói de um lado só

Existe uma síndrome que se pensava ser rara, a *hemicrania contínua*, mas que vem sendo cada vez mais e mais reconhecida. Como o próprio nome diz (hemi = metade), é uma dor de cabeça contínua e de um só lado. Apresenta flutuações ao longo do dia, uma hora pior, outra hora melhor, mas nunca desaparece. Juntamente e no mesmo lado da dor aparecem os fenômenos autonômicos, descritos anteriormente (p. 47), todos juntos ou isoladamente: lacrimejamento, olho vermelho, olho inchado, nariz entupido, coriza. A curiosidade? Está no tratamento: a dor desaparece como mágica com a indometacina, um antiinflamatório com propriedades especiais – remédio até antigo e às vezes difícil de tolerar, pois pode atacar o estômago, mas representa uma das respostas terapêuticas mais gratificantes para os médicos.

Há também as *hemicranias paroxísticas*, que são semelhantes à cefaléia em salvas, porém se diferenciam por dois aspectos principais: a duração das crises e a resposta ao medicamento indometacina. Também ocorrem em apenas um lado da cabeça, têm crises associadas aos fenômenos autonômicos, mas, na média, as crises duram poucos minutos e vêm muitas vezes ao dia.

A *síndrome SUNCT*[11] é uma dor de curtíssima duração, na maioria das vezes por segundos, dói só de um lado, normalmente na região orbital e olho; a dor é do tipo choque (neuralgiforme), e apresenta vermelhidão ocular e lacrimejamento. É uma doença de difícil tratamento, mas novos medicamentos têm trazido esperança aos que padecem da síndrome.

A *neuralgia do trigêmeo* se manifesta com dores do tipo choque, principalmente na face e mandíbula. A dor dura um ou mais segundos e pode ser desencadeada pelo barbear, vento frio, ao engolir, às vezes até ao falar e lavar o rosto. Ocorre nas faixas etárias mais avançadas e é tratada com medicamentos e, em alguns casos, procedimentos cirúrgicos.

A *neuralgia do glossofaríngeo* é uma dor forte do tipo choque ou pontada que ocorre na região da base da língua, fundo da garganta,

---

11 Sigla em inglês de "Shortlasting, Unilateral, Neuralgiform pain with Conjunctival injection and Tearing".

ouvido e ângulo da mandíbula. Pode ser desencadeada por engolir, falar, tossir, semelhante à neuralgia do trigêmeo.

A *neuralgia occipital* afeta a região da nuca; a dor é em pontada ou choque, pode ficar um dolorimento de fundo, pode aparecer de um lado da nuca, mais para o meio ou mais para perto do ouvido. Apresenta boa resposta a bloqueio do nervo com anestésico local (injeção de xilocaína).

A *neuralgia supraorbital* é uma dor que ocorre na região acima da pálpebra, de um só lado. Pode ser abolida com bloqueio do nervo supraorbital, uma injeção de xilocaína na região frontal da cabeça (a autêntica "injeção na testa").

A *neuralgia pós-herpética* é um tipo de dor muito forte que ocorre na face, geralmente na distribuição de algum nervo que foi acometido anteriormente por uma infecção do herpes-zoster, popularmente conhecido como "couro de cobra"; é mais freqüente em idosos e imunodeprimidos (Aids, câncer).

Na *síndrome de Tolosa-Hunt*, há uma dor em um dos olhos, associada à fraqueza de um dos músculos que move os olhos para os lados; junto com a dor aparece visão dupla (diplopia) e a pessoa pode ficar com a aparência de estar "vesga".

Cefaléia hípnica tem como característica mais importante o fato de ocorrer exclusivamente de madrugada. A dor acorda o paciente, e lembra a cefaléia em salvas que também tem, embora não exclusivamente, predileção por crises de noite.

Cefaléia em salvas

A cefaléia em salvas (CS) é um tipo de dor de cabeça diferente da enxaqueca e da cefaléia tipo tensional. É definida como uma doença neurológica e é conhecida como uma das piores dores de cabeça que o ser humano pode experienciar. Ao contrário da enxaqueca, afeta mais homens que mulheres, acomete apenas um lado da cabeça, mais na região da fronte e olho, acompanhada de lacrimejamento, vermelhidão nos olhos, entupimento nasal, coriza, suor no rosto e queda da pálpebra. Um aspecto marcante é o ritmo regular das crises, tanto por ocorrer preferencialmente em determinado período ao longo do ano como na sua predileção para atacar à noite.

Como o médico faz o diagnóstico de cefaléia em salvas?

Infelizmente os sofredores de cefaléia em salvas peregrinam anos e até décadas sem ter um diagnóstico correto. São diagnosticados como enxaqueca, neuralgia do trigêmeo, quando não são tachados de loucos...

A cefaléia em salvas é tão característica e distinta das outras dores de cabeça que o diagnóstico pode ser feito a partir das primeiras palavras do paciente. Em alguns casos, já se pode suspeitar só pelas características faciais, pois alguns deles apresentam o rosto marcado, cheio de rugas; é a chamada fácies "leonina", e a pele tem aspecto de casca de laranja.

Apesar das características aparentes, o médico faz o diagnóstico de cefaléia em salvas baseado nos seguintes critérios diagnósticos:

a) pelo menos cinco crises preenchendo certas características;
b) dor forte ou muito forte unilateral, orbitária, supra-orbitária e/ou temporal, durando de 15 minutos a 3 horas, se não tratada;
c) a cefaléia é acompanhada de pelo menos um dos seguintes itens:
   1. hiperemia conjuntival (olho vemelho) e/ou lacrimejamento ipsilaterais (do mesmo lado da dor);
   2. congestão nasal e/ou rinorréia (coriza nasal) ipsilaterais;
   3. edema palpebral ipsilateral;
   4. sudorese frontal e facial ipsilateral;
   5. miose e/ou ptose (queda da pálpebra) ipsilateral;
   6. sensação de inquietude ou agitação.

As crises têm freqüência variante de uma a cada dois dias a oito por dia, se não for atribuída a outro transtorno como tumor, aneurisma ou outra doença.

Histórico

Admite-se que a cefaléia em salvas possa existir desde o início da vida humana, mas a primeira descrição conhecida foi feita por um anatomista holandês, Nicolaas Tulp, em 1641.

A cefaléia em salvas já foi conhecida por vários nomes. A partir da descrição mais detalhada de Horton, em 1939, esse tipo de cefaléia ficou mais conhecida como cefaléia de Horton, e foi chamada assim por muito tempo. Karl Ekbom, médico sueco ainda vivo, Lee Kudrow e Robert Kunkle, nos EUA, foram figuras importantes e, no Brasil, a cefaléia em salvas foi assim batizada pelo dr. Edgar Raffaelli.

Em outros países e línguas, a cefaléia em salvas tem outros nomes: *cluster headache*, em inglês; *céphalée en grappe*, em francês; *cefalee a grappolo*, em italiano; *cefalea em racimos*, em espanhol, e, em alguns países de língua portuguesa, *cefaléia em cachos*. Todos esses nomes são alusivos ao cacho de uva.

Na população

A cefaléia em salvas pode acometer de 0,07 a 0,27% da população geral. Em 9.800 recrutas suecos de 18 anos, ela foi encontrada em 0,09%. Em 21.792 habitantes de San Marino, observou-se 0,09%. Na Dinamarca, os números são ainda maiores: 0,14%. Recentemente, na Itália observou-se uma taxa maior, 279 para 100.000 habitantes, ou seja, quase 0,28%. Ainda faltam dados para sabermos no Brasil qual a prevalência desse tipo de cefaléia.

Faixa etária e sexo

A cefaléia em salvas é uma cefaléia que afeta principalmente o homem adulto.

Um fenômeno recente vem acontecendo: a mulher ganha espaço não só no mercado de trabalho mas também na quantidade de casos dessa cefaléia. Os primeiros dados sobre a doença apontavam para uma taxa de oito homens para uma mulher com esse tipo de cefaléia, quer dizer que havia 8 vezes mais homens que mulheres com cefaléia em salvas. Esse número baixou. Os homens ainda sofrem mais desse mal, mas em uma relação menor: de dois a três homens para uma mulher.

A idade média de início das crises é 28 anos, mas podem também começar na faixa de 20 a 40 anos. Pode ocorrer na infância (raramente) e freqüentemente os pacientes se mantêm com crises até idade mais adiantada.

Fatores de risco e desencadeantes

Alguns fatores são precipitantes de crises e outros fatores são de risco para o aparecimento da cefaléia em salvas.

Tabagismo e etilismo são muito associados às cefaléias em salvas. Geralmente são pacientes que fumam ou já fumaram, ou até mesmo são tabagistas passivos. O álcool é um potente deflagrador de crises; em geral o paciente bebe com exagero fora dos surtos, e sabe que não pode pôr uma gota de álcool na boca quando em fase de crises.

Altitude, baixa saturação de oxigênio, exposição a solventes, altas temperaturas, muita ansiedade, alterações do ritmo biológico, do ciclo sono-vigília e oscilações do humor são também associadas à cefaléia em salvas.

Por que ocorre?

Os mecanismos da cefaléia em salvas são diversos, mas podemos dividir em três grupos ou aspectos: cronobiológico, vascular e oxigenação.

O *cronobiológico* se dá porque na cefaléia em salvas ocorre a disfunção de um núcleo (núcleo supraquiasmático) numa região pequena e central do cérebro, o hipotálamo. O núcleo supraquiasmático é nosso relógio biológico. É através dele que ocorre o estímulo para a produção e secreção de melatonina na glândula pineal, substância que é alterada no sofredor de cefaléia em salvas.

O aspecto *vascular* se dá pelas alterações circulatórias das artérias cerebrais. A *oxigenação* interfere na cefaléia, pois muitos pacientes apresentam apnéia do sono, uma doença que reduz as taxas de oxigênio no cérebro. Também são fatores de risco o tabagismo e a altitude, ambos pela alteração nos níveis de O_2.

Tratamento

O tratamento da cefaléia em salvas deve ser iniciado unicamente depois de um diagnóstico correto. Deve-se tratar preventivamente, ou seja, evitar que as crises apareçam, e também tratar a crise na hora que ela vem. Como a doença se manifesta por surtos, é interessante fazer um tratamento de transição, com medicamentos ou procedimentos que fazem efeito nas crises, enquanto o tratamento preventivo inicia gradualmente o seu efeito.

Mitos

Diversos mitos envolvem o entendimento das cefaléias – tanto pela população em geral quanto pela própria medicina. A assim chamada cefaliatria – área da medicina voltada para o estudo e tratamento das cefaléias – é relativamente recente. Podemos dizer que a área realmente se desenvolveu nos estudos e tratamentos a partir de 1984, quando Michael Moskowitz, da Universidade de Harvard, concebeu a teoria trigeminovascular da enxaqueca, e em 1988, época em que os primeiros critérios diagnósticos da Sociedade Internacional das Cefaléias foram publicados. Portanto, a área tem cerca de 20 anos de idade, apenas duas décadas de maior esforço nos estudos das cefaléias.

Por isso, a difusão do conhecimento nas faculdades de medicina e nas especialidades médicas ainda é precária. Desinformação, mitos e mal-entendimentos não só afetam a população em geral como também os profissionais da área de saúde.

Vamos esclarecer alguns pontos?

1 Dor de cabeça vem do fígado ou de alguma coisa que eu comi

Uma das crendices mais freqüentes é a de que a enxaqueca vem do fígado ou de que a dor apareceu porque alguma coisa que comeu fez mal. De fato, alguns alimentos em pessoas sensíveis podem desencadear crises de enxaqueca, a lista é grande (veja capítulo 3, "Fatores desencadeantes"), mas o que ocorre mesmo é que durante a crise de enxaqueca há náusea, enjôos e vômitos; eles estão presentes por causa da dor, e não o contrário. No cérebro, durante a crise de enxaqueca, os núcleos de dor estão interligados aos núcleos geradores de náuseas e vômitos. Há alterações de receptores de serotonina que são relacionados a vômitos, os chamados receptores 5HT3 (5HT quer dizer serotonina, então é como se fosse serotonina 3).

Não há lesão de fígado, ou alteração das enzimas dele, ou doenças de estômago que causam enxaqueca. Não há razão para investigar doenças digestivas à procura de uma causa para enxaqueca. Tomografias de abdome, ultras-som de abdome, endoscopia digestiva têm resultados normais na enxaqueca; se há alguma alteração é por outra causa.

2 **A dor só termina se vomitar**

Algumas pessoas acham que a crise de enxaqueca só passa se puser o dedo na garganta e vomitar. Pura coincidência. O que acontece é que a presença dos vômitos representa o auge da crise em intensidade, então depois de vomitar, não tem como piorar mesmo.

A crise tem um início mais fraco, um ápice e depois a diminuição dos sintomas. Um fenômeno importante que acontece no estômago durante a crise é a gastroparesia, ou seja, a paralisia do estômago. Os remédios ficam parados e não são absorvidos durante a crise, por isso que associamos remédios procinéticos, que aceleram o trânsito do estômago, e passamos medicamentos por outras vias que não a oral, como por exemplo a via sublingual, muscular, pela veia, e via retal.

3 **Dor de cabeça e sinusite**

Há uma tremenda confusão entre enxaqueca e sinusite. Como a dor da enxaqueca muitas vezes aparece na região da testa, até mesmo só de um lado ou no meio dos olhos, e por vezes notamos sintomas como o entupimento nasal e coriza, atribui-se erroneamente crises de enxaqueca como se fossem sinusite.

A sinusite crônica não tem necessariamente relação com dor de cabeça, mas a sinusite aguda sim. Porém os sintomas são bem diferentes da enxaqueca: a duração é de mais dias, sai catarro esbranquiçado ou amarelado do nariz, pode dar tosse, febre, enfim, confunde-se muito com estados gripais. Um estudo americano mostrou que em 90% das crises que as pessoas habitualmente atribuem à sinusite são mesmo crises de enxaqueca, e 60% dos pacientes haviam recebido antibióticos desnecessariamente. Os autores desse estudo chegam a colocar a frase "if it is sinus, is migraine", que quer dizer "se é sinusite, é enxaqueca".

4 Cefaléia e hipertensão arterial (pressão alta)

Esse é um dos principais mitos, na comunidade médica, em relação às causas da dor de cabeça. A hipertensão arterial leve ou moderada não causa dor de cabeça. Apenas as crises hipertensivas graves podem levar à cefaléia.

Acontece muito de a pessoa hipertensa sentir dor de cabeça, achar que é da pressão e medi-la. E muitas vezes a pessoa está hipertensa mesmo e atribui a dor à pressão alta. Na verdade, a própria dor de cabeça eleva a pressão. É muito freqüente que tanto a enxaqueca quanto a hipertensão estejam ligadas à tensão, nervosismo, estresse, ansiedades, preocupações.

5 A cura da enxaqueca

Cura é uma palavra em medicina utilizada para tratamento de doenças monofásicas, ou seja, aquelas que aparecem uma vez e que podem ser mortais ou que, depois de tratadas, nunca mais voltam. É o caso do câncer e das infecções (gripes, sinusites, pneumonias etc.). Portanto, a definição de cura depende da doença da qual falamos. No câncer, por exemplo, determina-se que o paciente está curado se não há mais sinais da doença por 5 anos. Uma pneumonia aparece: tosse, catarro amarelo, febre, falta de ar iniciam-se; tratamos com antibióticos por 14 dias e, se os sintomas desaparecem já no começo do tratamento, está curada a pneumonia. O problema na enxaqueca é que ela não é uma doença aguda ou monofásica, ela é uma doença crônica e recidivante, o que quer dizer que ela fica com a pessoa por décadas e as crises nesse período vão e voltam. A enxaqueca é como a hipertensão arterial, diabetes e todas as doenças crônicas.

6 Mas então eu nunca vou me livrar da enxaqueca?

Sim e não.

Sim, porque existem muitos tratamentos e possibilidades de alívio das dores; a perspectiva de tratamento deve sempre ser otimista. Mas o "não" vem porque o sistema de dor cumpre um papel no organismo: se ele precisar recrutar um sistema de alerta, de aviso, é importante que o sistema de dor esteja preservado. Então, se após um período longo de tratamento bem-sucedido, com remissão completa das crises, houver um estresse intenso, uma noite maldormida, a ingestão de alguma substância tóxica, o sedentarismo, o aumento de peso, a dor vai provavelmente reaparecer. Então devemos ser otimistas, mas realistas, por isso é fundamental entender O QUE A DOR QUER COM VOCÊ!

7 Enxaqueca é genética

A maioria das pessoas sofredoras de enxaqueca tem um familiar que também sofre. Isso não quer dizer que a dor seja apenas hereditária; o fator genético é realmente um dos componentes importantes, mas temos que analisar que a enxaqueca afeta cerca de 20% da população. Então, se você tem cinco parentes, é quase certo que alguém na sua família, por mero acaso, sofra com uma dor que nada tenha a ver com a genética.

Existe uma doença que é 100% genética, que é a enxaqueca hemiplégica familial, uma enxaqueca que acompanha perda de força em um lado do corpo e que há parentes de primeiro grau com as mesmas características. Mutações já foram descobertas em três genes nessa doença. Para outros tipos de enxaqueca, ainda não se tem um gene definido, mas vários suspeitos.

8 Tratamento é com analgésicos

Esse é o pior engano no tratamento das dores de cabeça. O principal conceito de tratamento deve ser preventivo, ou seja, evitar que a dor apareça com tratamentos com remédios, que a pessoa toma todos os dias por vários meses, ou outros tipos de tratamentos não-medicamentosos, a fim de prevenir a enxaqueca.

Já diz o ditado popular "é melhor prevenir do que remediar". Parece óbvio e tolo, mas uma das maiores barreiras no tratamento da enxaqueca é que os médicos em geral não a enxergam como doença, mas vêem a dor de cabeça como um reflexo de algum outro problema, e assim perdemos o foco adequado do tratamento. Ainda, o uso diário de analgésicos pode ser nocivo para o organismo e causar o fenômeno de cefaléia rebote, ou seja, com o uso exagerado de analgésicos, o sistema próprio de combate à dor do indivíduo fica afetado e a dor passa a aparecer também por causa do consumo de analgésicos.

9 Chocolate e dor de cabeça

O mito do chocolate é bastante interessante. Muitas pessoas reclamam que o chocolate causa dor de cabeça, e existe uma base biológica para isso. A principal explicação é que, na fase anterior ao início da dor – a fase de pródromo, de 12 a 24 horas antes de se iniciar a enxaqueca em si –, com a sua implacável dor de cabeça, sintomas como irritabilidade, bocejos, sensibilidade à luz e barulho, ocorre também vontade de comer doces, principalmente o chocolate. O indivíduo então sente vontade de comer o chocolate *porque já* está em crise! Isso mesmo, esses sintomas de pródromo já são da enxaqueca, e muitas vezes culpa-se o chocolate injustamente. Só podemos culpar o chocolate se houver ingestão excessiva ou se a pessoa for extremamente predisposta, mas em dois terços dos casos o que ocorre é, sim, o pródromo da enxaqueca nos enganando.

Capítulo 3

Por que você tem dor de cabeça?

Otelo: Eu tenho uma dor aqui em cima da minha testa.
Desdêmona: Fé, isto irá embora de novo. Deixa
me pressionar por esta hora e tudo ficará bem.
WILLIAM SHAKESPEARE, EM *OTELO*

Dor: um alerta do organismo

UM SER VIVO PRECISA DE UMA SÉRIE DE "EQUIPAMENTOS" PARA MANTER-SE VIVO, MANTER-SE EM FUNCIONAMENTO. Precisa de sistemas que ajudem na sua sobrevivência, evitando ser comido por um predador, pego de surpresa por alguma variação do clima ou acidente natural (chuva, vento, calor, tempestades), garantindo assim alimentação, água e também a reprodução.

Os mecanismos de adaptação já estão presentes até em organismos unicelulares, seres compostos por uma única célula como as amebas e bactérias. As plantas também têm seus meios para ir atrás de luz e água. É por isso que as árvores têm suas tortuosidades e as plantas menores se inclinam em direção ao ambiente de maior luz.

Os animais têm o que chamamos de instinto. Cada espécie possui uma característica. Como um golfinho já nasce sabendo nadar, ou uma girafa sabendo andar? Como uma tartaruga sabe que tem de voltar para uma determinada praia para botar seus ovos e reproduzir? A evolução das espécies explica isso. A teoria é de que sobreviveram os animais que apresentaram genética e a função biológica certa na hora certa.

Uma lagarta verde numa plantação pode passar despercebida por um pássaro e não ser comida; a que nasceu branca provavelmente não vai conseguir se reproduzir e passar seus genes adiante, pois vai ser devorada antes. É mais ou menos assim.

E o ser humano? A coisa é bem mais complexa no homem. Não é tão importante a cor da pele para escaparmos de algum predador. Já não é tão mais importante ser veloz, forte ou ter uma mandíbula grande e dentes afiados para poder caçar e dominar a possibilidade de conseguir alimento. Hoje em dia, você pode ter tranqüilamente à mesa uma carne, ave ou peixe sem precisar caçar ou pescar, basta comprar no supermercado – e ultimamente nem mais ao supermercado precisa ir, pode até comprar pela internet! Frutas, legumes, raízes, hortaliças, a mesma coisa: o homem domina o cultivo de basicamente qualquer vegetal que possa ser consumido como alimento já há bastante tempo.

Mas tem mais! Nas últimas décadas, além do domínio cada vez maior do cultivo das plantas, acrescentou-se também a aplicação da engenharia genética, com os alimentos transgênicos, tornando as plantas mais "fortes", resistentes às pragas, mais coloridas, polposas; só não sabemos ainda qual a implicação destes alimentos na nossa saúde.

Ocorreu uma explosão demográfica na Terra, milhares de anos se passaram para chegarmos a 1 bilhão de habitantes no planeta, mas de 1825, quando atingimos essa marca, até 1999 já chegamos a 6 bilhões de habitantes! Admite-se que esse crescimento se deve à maior disponibilidade de alimentos.

Outro ponto importantíssimo é o processamento das comidas. Comemos muitos alimentos conservados, congelados, aromatizados, coloridos (acrescidos de corantes). O processamento das comidas tornou mais fácil o acesso a elas, assim como a nossa digestão, porém essa facilidade pode ter um preço caro e outros efeitos no nosso organismo. Há evidências científicas de que o nosso intestino se tornou longo demais para o tipo de digestão que temos atualmente, levando-nos a ter obesidade, diabetes, problemas digestivos, entre tantos outros males. O metabolismo do organismo (o processamento dos nutrientes no nosso corpo) torna-se sobrecarregado, quer dizer, a facilidade de ingerir alimentos "pré-digeridos" vai forçar nosso corpo e lhe dar mais trabalho para processar e armazenar esses alimentos e, se não gastarmos essa energia, já se sabe o resultado: esse "pneuzinho", esses quilinhos extras que tanto lutamos para perder.

O ser humano, além de dominar a natureza de uma forma impressionante, aumenta o grau de domínio cada vez mais, exponencialmente, sobre ela. O ser humano domina também suas próprias fraquezas, doenças e vive mais e mais décadas, e de maneira mais artificial, em todos os sentidos. Sobrevive cada vez mais aos problemas de parto e gestação. É incrível a capacidade de o ser humano prolongar a vida, até em algumas situações além do que deve. Muitas doenças são detectadas hoje no nível mais precoce, sendo possível a cura do câncer de vários tipos, a cura de doenças cardiovasculares, infecciosas etc.

Mas a maior doença da humanidade é o seu comportamento, é o seu estilo de vida totalmente fora dos propósitos para que foi feito o nosso corpo. Sedentarismo, sono inadequado, alimentação ruim, ingestão de tóxicos (cigarro, álcool, drogas), estresse, sobrecargas de trabalho, preocupações excessivas, cobranças exageradas, enfim, uma série imensa de fatores leva-nos a sair da linha.

O ritmo de atividades se intensificou, como sabemos muito bem; fazemos cada vez mais um maior número de coisas, embora o dia continue com 24 horas! A humanidade se propôs a aumentar o ganho financeiro, material, almeja-se novo carro, bela casa, sólida conta bancária, mas acabou-se aumentando também o peso, o tamanho da barriga e o mal-estar.

O organismo, porém, é sábio, funciona em um equilíbrio constante e tem suas vias de saída. O que faz o organismo para se adaptar? Quais são os mecanismos de defesa?

Mecanismos de defesa do corpo

São vários os níveis e tipos de sistema de defesa no organismo. Em última análise, são voltados para a sobrevivência da espécie. O sistema reprodutivo é o primeiro deles; parece haver um impulso interno forte para os seres vivos passarem seus genes adiante.

Outros dois sistemas são essenciais para garantirmos "combustível" para nossa sobrevivência: alimento e água – sem fome e sede não teríamos qualquer chance de nos mantermos vivos; e, devido ao sistema locomotor – ossos e músculos –, podemos andar e ir atrás de água e comida.

Como nos defendemos do meio ambiente? A pele e o tecido subcutâneo separa e isola do meio externo o meio interno do corpo, permitindo uma temperatura constante dentro de nós. Dos germes, vírus, bactérias e outros bichos nos defendemos com o sistema imunológico: nossos glóbulos brancos defendem o organismo por ação direta, literalmente comendo os pequenos seres vivos que nos infestam e infectam, e, por ação indireta, produzem anticorpos, substâncias e proteínas que fazem uma barreira química contra infecções.

A diarréia faz com que eliminemos toxinas do intestino, assim como vômitos esvaziam o estômago, a tosse impede que sólidos e substâncias nocivas entrem no pulmão, a febre avisa de uma infecção e leva o corpo ao descanso e o cansaço impede que o organismo entre em exaustão.

E a dor? O que tem a ver com isso?

A dor é também um dos sistemas de defesa do organismo, ela existe para sinalizar, avisar o organismo de que algo pode ameaçar a sua integridade. É um sinal de alerta para os seres vivos.

Pessoas que nascem com incapacidade de sentir dor – uma síndrome chamada analgesia congênita – não resistem até a vida adulta e morrem por lesão tecidual, por destruição das articulações e outros acidentes do gênero.

É como uma buzina de carro, que existe para o motorista comunicar-se com o meio externo. Ele pode usá-la para tentar evitar um grande acidente ou pode acioná-la inutilmente em um engarrafamento, por exemplo.

Nosso organismo também funciona com disparos: os neurônios, as células do cérebro, comunicam-se através de disparos, as chamadas sinapses. *E o sistema de dor no cérebro não deixa de ser assim também, ele dispara para acionar um alerta.*

O sistema de dor e analgesia

O sistema de dor não existe sem um sistema de analgesia. Se existe um sistema que acende, existe um que apaga. Um acende a luz de alerta, o outro a apaga. Um esquenta, o outro esfria. Um sistema é de disparo, um sistema é de reparo. Funciona como uma balança: quando um lado pesa mais, o outro tenta compensar. Eles vivem em equilíbrio na maioria dos indivíduos. Quando não funcionam bem é que passa a existir uma dor crônica, uma doença com manifestação dolorosa.

Mas pode existir alguma falha no sistema de dor, tornando-o mais propenso a ter os disparos, "buzinando" mais alto e mais vezes do que é preciso. Pode também existir uma falha no sistema de analgesia, ou seja, o organismo pode não ter suas endorfinas, seus analgésicos endógenos (internos), preparados para apagar a dor que foi disparada. Em geral, esses dois sistemas é que ficam comprometidos nos casos de dor crônica, como as dores de cabeça primárias.

Diversas são as condições que têm a dor como principal sintoma: a lombalgia (dor nas costas), a cervicalgia (dor no pescoço), a fibromialgia (dor no corpo todo), a dor neuropática (dor no trajeto de nervos), a cefaléia (dor de cabeça). Dor está sempre presente em pós-operatórios, em traumas, fraturas, contusões musculares e em boa parte dos que sofrem com câncer.

A dor é uma resposta do próprio organismo, ou seja, suas próprias estruturas físicas e químicas geram essa sensação. Como o frio e o calor, a dor é uma sensação que temos no corpo. Da mesma forma é a analgesia. Mas a dor não é só uma sensação física, ela é também uma percepção, uma emoção. Além do tipo, local, duração e intensidade, é fundamental o estado emocional do indivíduo, como ele recebe a informação dolorosa, quanto dela ele agüenta, sua resignação, seu contexto social, mental e espiritual.

Teoria do limiar

Um dos bons modelos que vejo para explicar como o sistema de dor funciona é o da teoria do limiar. Pense em um balde de água, ou um contêiner, onde existe um fluxo de água entrando; se esse balde ou contêiner não é capaz de escoar a entrada do líquido, chega uma hora em que a água que entra passa da capacidade dele e transborda.

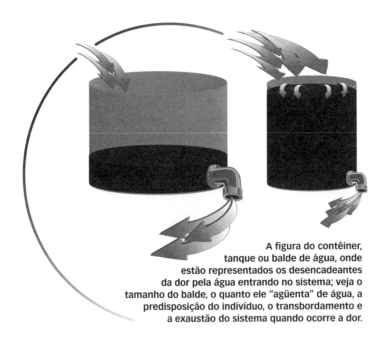

A figura do contêiner, tanque ou balde de água, onde estão representados os desencadeantes da dor pela água entrando no sistema; veja o tamanho do balde, o quanto ele "agüenta" de água, a predisposição do indivíduo, o transbordamento e a exaustão do sistema quando ocorre a dor.

A dor funciona assim também. O transbordamento significa a exaustão do sistema de dor, assim como uma deficiência do sistema de analgesia. A dor é acionada e a analgesia entra para desligá-la. Quando a temperatura aumenta é preciso um sistema para seu resfriamento.

Mas o corpo precisa de um termômetro para saber que a temperatura está elevada e então conseguir tomar alguma medida para compensar. Quando o corpo está em equilíbrio, o alerta vermelho ou a buzina toca rápido e baixo. Quando as coisas não vão bem, a buzina dispara e toca alto. É o modelo das dores crônicas e refratárias, das pessoas que sofrem de dores todos os dias e ficam incapacitadas tamanha a intensidade das crises.

Da mesma forma, quando o sistema de analgesia funciona adequadamente, analgésicos internos – as endorfinas, entre outros – entram em ação, e o incêndio é apagado, a buzina pára de tocar e a lâmpada de alerta vermelho é desligada.

A entrada de líquido nesse contêiner significa os fatores desencadeantes de dor, como veremos a seguir. Seu tamanho representa a predisposição do indivíduo para ter dor (para transbordar); se ele for pequeno, transbordará mais rápido e facilmente. Ao mesmo tempo, se o nível líquido desse tanque estiver próximo de transbordar, mesmo que o tanque seja grande, a vulnerabilidade da pessoa para ter dor é ainda maior, ou seja, basta um pouco mais do líquido no sistema para gerar a dor. Portanto, além de diminuir a entrada de água e aumentar o tamanho do balde, é importante encontrar meios de drenagem, de escoamento desse líquido, criando "ralos" para que, mesmo que o tamanho do tanque seja pequeno, a quantidade que irá transbordar seja reduzida. É assim que pensamos o tratamento.

É importante que se tenha um bom jeito de enxugar, secar a água transbordada. É o papel dos analgésicos no contexto da dor. Mas o mais importante é evitar que ocorra o transbordamento: é o tratamento preventivo!

Os fatores desencadeantes

Não comer e ficar tenso é a melhor receita para eu ter enxaqueca.
Relato de um paciente

A lista de desencadeantes da cefaléia é grande, mas, basicamente, qualquer excesso e sobrecarga ao organismo pode funcionar como fator gerador da dor de cabeça. Basta pensarmos o que é importante para a vida do ser humano: dormir bem, ser feliz, estar calmo, comer bem. **OS FATORES ALIMENTARES SÃO MUITOS, MAS OS MAIS IMPORTANTES E FREQÜENTES SÃO FICAR SEM COMER, TOMAR BEBIDAS ALCOÓLICAS E INGESTÃO DE MUITA CAFEÍNA.** Outros desencadeantes alimentares são adoçante (aspartame), Aji-no-moto®, nozes, chocolate e frutas cítricas. Condimentos, pimentas, embutidos (salsicha, salame) e enlatados também são fatores importantes. Leite e seus derivados, como o queijo, e comidas gordurosas são outros desencadeantes.

Vamos relembrar do mito do chocolate, que falamos no Capítulo 2. Quando da fase anterior ao início da dor, a fase de pródromo, 12 a 24 horas antes de iniciar a dor, sente-se irritabilidade, bocejos, sensibilidade à luz, ao barulho e a imensa vontade de comer doces... e o chocolate. O indivíduo ingere o chocolate e tem dor logo depois, então culpa o doce, mas a enxaqueca já estava lá!

Em uma série de duzentos pacientes com enxaqueca, levantamos os principais desencadeantes alimentares, hormonais, ambientais e de sono.

Algumas palavras sobre a cafeína

A cafeína é um estimulante do sistema nervoso central e pode gerar tremor, ansiedade, insônia e, claro, desencadear crises de dor de cabeça. Um consumo de cafeína moderado não é nocivo à saúde, mas há um limite de 200mg de cafeína por dia. Muitos produtos contêm cafeína; o principal, como o próprio nome diz, é o café.

Índices de cafeína em bebidas	
1 xícara pequena de café coado	cerca de 50mg de cafeína
1 xícara pequena de café expresso	80mg de cafeína
1 xícara de chá preto, mate ou qualquer chá escuro	de 30 a 100mg de cafeína
1 xícara de chocolate quente	50mg de cafeína
1 lata de Coca-Cola® (350ml)	30mg de cafeína
1 barra de chocolate	25mg de cafeína

> **Faça as contas de quantos miligramas de cafeína você consome por dia. Se passar de 200mg, é melhor começar a diminuir, devagarzinho.**

Em relação ao ambiente, muito calor, claridade, fumaça, poluição, cheiros muito fortes, ar condicionado muito frio, altitude muito elevada, todos são desencadeantes. Já os fatores comportamentais, psíquicos, são bastante complexos e contam muitas vezes com uma combinação de alto grau de exigência, cobrança interna exagerada, culpa excessiva, preocupações, ansiedades, tensões elevadas.

O sono é um mundo todo à parte e está muito relacionado com as dores de cabeça. Também é um forte provocador de cefaléia quando ocorrem sonos maldormidos ou muitas horas de sono; pode ser desencadeado até mesmo por um cochilo ou simplesmente pela alteração dos horários.

A figura abaixo explica como funcionam os fatores desencadeantes e sua interação com o indivíduo que tem enxaqueca.

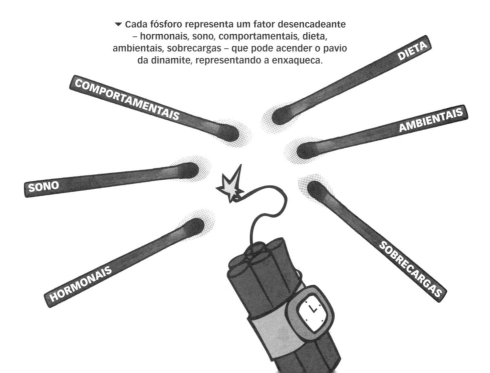

▼ Cada fósforo representa um fator desencadeante – hormonais, sono, comportamentais, dieta, ambientais, sobrecargas – que pode acender o pavio da dinamite, representando a enxaqueca.

Estamos preparados para a evolução?

Estamos reagindo aos desafios dos dias atuais com
a resposta fisiológica de um homem de Neanderthal.
Susan Andrews

O problema é que a nossa genética ainda não está adaptada ao telefone celular, à cadeira, ao trânsito, ao *fast-food* e a todas as variações e adaptações que criamos para enfrentar a natureza e "facilitar a nossa vida". Somos sobreviventes da era glacial, quando era preciso caçar para comer e digerir todo um animal de uma só vez, pois a próxima refeição poderia ser dali a uma semana. Temos um metabolismo capaz de armazenar gordura para um longo período de jejum, um certo resquício da hibernação.

Fomos feitos para usar ossos e músculos. Há evidências científicas que mostram que, ao longo das eras, a mandíbula e os dentes no *Homo sapiens* estão diminuindo, pois a necessidade do uso de dentes e mastigação vigorosa desapareceu. Comemos poucos alimentos crus, difíceis de mastigar; se for difícil, achamos um jeito de facilitar, cortando, moendo, cozinhando. Então, cada vez mais a mandíbula torna-se um aparato inútil para o homem moderno e não representa vantagem nenhuma para a preservação da espécie.

Em 2002, uma médica neurologista de Boston, Elisabeth Loder, escreveu um artigo discutindo qual seria a vantagem evolutiva da enxaqueca: a enxaqueca poderia ser um mecanismo de defesa, um resultado do conflito entre espécies e de novos fatores ambientais ou conseqüência de mudanças de estilo de vida e ambiente.

Será que o avanço da medicina faz com que pessoas que não sobreviveriam a doenças hoje superadas – como infecções, gestações complicadas, doenças da infância – desenvolvam uma predisposição à dor de cabeça que antes não existia, simplesmente porque essas pessoas estariam mortas? Pouco provável. Não há evidências de que a enxaqueca esteja aumentando de incidência; no entanto, não temos comparações, para além de 10 anos. Apesar de não terem sido estudadas sistematicamente, doenças da infância ou infecciosas ou complicações de parto não são tão presentes em pacientes com enxaqueca.

Entra aqui uma discussão existencial mais ampla: se a enxaqueca está relacionada com a defesa do organismo, o que ela quer avisar e do que devemos nos defender? O que estamos fazendo de errado e o que está certo? Como podemos nos adaptar melhor às evoluções que a humanidade promoveu e seu intenso domínio da natureza?

A dor leva o indivíduo ao repouso, tira-o de cena, faz com que pare de trabalhar, de realizar as tarefas de casa, da família e impede seu lazer. Será que o organismo erroneamente interpreta o trabalho ou certas tarefas como ameaçadoras, até por não estarmos preparados geneticamente para tanta sobrecarga, tanto estresse?

Os sintomas acompanhantes podem ter também alguma natureza evolutiva; o sofredor de enxaqueca sempre tem uma predisposição para estímulos sensoriais, físicos e emocionais intensos desencadearem crises. Por exemplo, a intolerância ao barulho e à luz fazem com que a pessoa queira ficar num ambiente quieto e escuro. Certamente no passado um ambiente como esse estava distante de ameaças de alterações climáticas ou naturais e trazia mais proteção de possíveis predadores. A mesma coisa ocorre em relação a cheiros fortes, como perfume, gasolina, produtos de limpeza, que são freqüentemente desencadeantes de enxaqueca: o cérebro identifica a entrada dessas toxinas e se posiciona para evitar tal contato.

O aspecto emocional também está inserido nesse contexto. Sobrecargas de trabalho, preocupações excessivas, estados hiperalertas, traumas psicológicos, eventos de vida difíceis, perdas familiares, decepções: o corpo pode utilizar a enxaqueca para se livrar desses e de muitos outros problemas.

Alarmes de incêndio

Quando colocamos um alarme no carro ou em casa, nós o fazemos porque existe alguma finalidade. Mas se há muitos alarmes acionados ou com um limiar de detecção muito baixo, ou seja, qualquer coisa o faz disparar, qualquer ameaça insignificante é tida como uma ameaça de morte, o sofrimento torna-se desnecessário e os sintomas são muito freqüentes e intensos. Por outro lado, Se você desinstala todos os seus alarmes, não tranca a porta de casa ou do seu carro e vive em um local onde há muitos assaltos, pode ocorrer alguma surpresa indesejável. Portanto, o ideal é o equilíbrio entre um sistema de alerta sensível e o mesmo sistema desligado.

Vamos pensar no exemplo da torradeira. Você coloca a fatia de pão na máquina e pode optar por uma torrada mais escura ou mais clara. A torradeira avisa quando o pão está no ponto que você escolheu, joga a torrada para cima e desliga automaticamente a máquina. Se não existisse o termostato, a torrada iria queimar com muita freqüência, pois você teria de acompanhar de muito perto o processo de torragem do pão. Então, o termostato economiza seu tempo e trabalho, porque poupa você de ter de ficar ao lado da torradeira para ver a hora certa de tirar o pão.

A enxaqueca, nesse exemplo da torradeira, é uma doença em que falta um termostato: você tem de estar a todo instante alerta, gastando energia, com a possibilidade de passar o ponto da torragem, e com freqüência acaba queimando a torrada. Na analogia, as crises são as torradas queimadas, o estado livre de dor é a torrada no ponto certo, a torradeira é o cérebro e o termostato o mecanismo de avisar, levantar e desligar a máquina que, desregulado, é o porquê da enxaqueca.

Alarme falso

Podem ser a enxaqueca e outras cefaléias primárias resultado de um falso alarme? A resposta é curta e grossa: sim. Simplesmente é a detecção pelo organismo de uma ameaça que não existe. Vamos ver isso com mais detalhes ainda neste capítulo, quando falarmos sobre ansiedade, mas, como estamos falando de alarmes, vale aqui uma consideração sobre antecipação de tragédias, preocupações excessivas, tensão e o tão falado estresse.

Quando pensamos no futuro, em algo que pode vir a acontecer, quando nos preocupamos com alguma coisa, quando temos uma expectativa muito alta de algum resultado esperado, mandamos uma mensagem para o cérebro que freqüentemente é um alarme falso. Esse alarme falso dispara a enxaqueca e o organismo reage erroneamente, como se uma grande ameaça estivesse por acontecer; mas, como na maioria das vezes não está, gastamos a energia desnecessariamente.

Voltemos à pergunta sobre qual seria a vantagem evolutiva da enxaqueca. Com um sistema de detecção de fumaça calibrado para detectar qualquer mínimo sinal, há uma garantia maior de que as variações externas ou internas serão reconhecidas, mas o indivíduo pagará o preço das crises para isso. Ou seja, um baixo limiar de disparo pode ser, para o cérebro, mais vantajoso e garantido, mas com um custo mais caro.

O relógio biológico e a melatonina

Nós matamos o tempo, mas o tempo nos mata e enterra.
Machado de Assis

O ser humano possui um relógio biológico, que se encontra no cérebro, completamente diferente daqueles mecânicos ou digitais que usamos no pulso. Bem no centro do cérebro está localizado o hipotálamo, uma região que concentra uma série de grupos de neurônios responsáveis por funções importantes, vitais para o organismo, como o ciclo sono – vigília (o dormir e o estar acordado), a fome, a sede, o comportamento alimentar e sexual. No hipotálamo, encontra-se o relógio biológico, o chamado núcleo supraquiasmático.

Esse relógio determina os nossos ritmos biológicos: horários de dormir, acordar, de comer, de funcionamento do intestino, de secretar hormônios, de alterar o metabolismo. Mas esse relógio não funciona sozinho, existe uma rede neural responsável pela adaptação do corpo ao meio ambiente.

Tudo começa com a luz que recebemos do Sol. Através dela é que ajustamos o relógio biológico e sabemos o que é noite e o que é dia, para depois sincronizarmos as atividades pertinentes à noite ou ao dia. Eis aqui o trajeto: a luz entra na retina, que recebe a informação luminosa e a transforma em um impulso elétrico levado através do nervo óptico e fibras nervosas até o relógio biológico no cérebro. O relógio biológico, por sua vez, manda a informação para a glândula pineal, que codifica esse impulso elétrico e produz um hormônio chamado melatonina (não confundir com a melanina da pele).

||

Melatonina vem das palavras gregas *melas*, que significa escuro, e *tônus*, produção; ou seja, substância que é produzida no escuro. E é através desta produção de melatonina, que ocorre à noite, com seu pico em geral de 6 a 8 horas após escurecer, que todo o organismo é regido, recebendo a informação que foi desencadeada pela luz que a retina captou. Interessante é observar que a luz, de dia, estimula a secreção de melatonina, mas, à noite, inibe a sua produção. A falta de melatonina tem sido identificada em uma série de condições, como distúrbios do sono, depressão de inverno e em diversos tipos de enxaqueca e outras dores de cabeça.

E porque a secreção de melatonina é tão importante? Ela é a batuta do maestro que dá o ritmo ao funcionamento do organismo e faz com que estejamos sincronizados no tempo e no espaço, no horário do dia, no dia do ano, e até na latitude da cidade em que moramos!

A Terra gira em torno do Sol e em torno de si mesma, determinando dois tipos de variações temporais, o dia e o ano. O dia é sempre de 24 horas, e o ano, de 12 meses. Podem ocorrer dias com mais horas de claro que escuro, mas pode também acontecer o inverso – felizmente não nas latitudes do Brasil, mas o inverno no Canadá ou no norte da Europa tem sempre dias curtos e noites muito longas. Da mesma forma, no Brasil, não observamos tanto as variações das estações do ano, ao contrário desses mesmos países do norte ou extremo sul.

A enxaqueca é uma doença ligada à adaptação do indivíduo ao meio ambiente, e uma das chaves principais para essa adaptação é a sincronização dele com o ciclo claro–escuro. Se o principal sistema de sincronização é o do relógio biológico–melatonina, é natural que seja um sistema de extrema importância para as cefaléias, e realmente é.

A produção de melatonina encontra-se diminuída na enxaqueca e a reposição desse hormônio tem benefício no tratamento tanto da enxaqueca quanto de outras cefaléias, pois interfere favoravelmente em uma série de mecanismos e neurotransmissores no cérebro (por exemplo, óxido nítrico, radicais livres, GABA e outros), como veremos a seguir.

Mas como isso funciona?

Todo relógio tem um alarme, inclusive o relógio biológico. Por isso ele também está ligado às dores de cabeça. É o relógio biológico que dispara o alarme do sistema de dor. Os ritmos biológicos são muito importantes para a regularização da nossa saúde, então é bom deixarmos sempre o nosso relógio "acertado".

Alguns fatores fazem com que a melatonina não seja produzida adequadamente. Se recebemos influência da luz no horário em que ela naturalmente não deveria estar presente, ou seja, quando acendemos uma lâmpada à noite, podemos bloquear a secreção fisiológica do hormônio. O pico de melatonina ocorre em torno das 3h. Uma luminosidade artificial em casa pode ser bem tolerada até 22h – 23h, mas, depois disso, até uma simples luz de televisão ou de rádio-relógio, mesmo de lâmpadas de segurança ou uma janela aberta com as luminárias da rua acesas podem evitar que a produção de melatonina seja feita normalmente. Para uma boa noite de sono, devem-se apagar todas as luzes na hora de dormir.

Os hormônios

Os hormônios sexuais femininos, o estrógeno e a progesterona, são muito relacionados às dores de cabeça. Uma série de evidências ligam as cefaléias, particularmente a enxaqueca, a esses hormônios.

A enxaqueca na mulher é influenciada por diversas mudanças hormonais ao longo da vida, tais como a menarca, a menstruação, o uso de contraceptivos orais, gravidez, puerpério (pós-parto), menopausa e terapia de reposição hormonal. A enxaqueca afeta a mulher na sua fase produtiva e reprodutiva.

A freqüência desse tipo de cefaléia é maior nas mulheres (18%) do que em homens (6%), porém, em crianças na fase pré-puberal, essa diferença não existe. As crises de enxaqueca estão ligadas ao período menstrual em 60% das vezes e ocorrem exclusivamente nesse período em 14% dos casos. Enxaquecas pré-menstruais podem também fazer parte da síndrome pré-menstrual, a TPM.

A enxaqueca pode piorar na gravidez, durante o primeiro trimestre, e, embora a maioria das gestantes fiquem livres de dor de cabeça nos segundo e terceiro trimestres, 25% das mulheres não apresentam qualquer mudança nas crises durante a gestação. A enxaqueca menstrual típica melhora durante esse período, potencialmente por causa dos altos níveis de estrógeno. Já a terapia de reposição hormonal pode exacerbar as crises de enxaqueca, assim como o uso de contraceptivos orais. A prevalência da cefaléia diminui com a idade, porém, na menopausa, pode ocorrer uma piora.

O ciclo menstrual

A função ovariana inicia na menarca e cessa na menopausa. O ciclo menstrual começa no primeiro dia da menstruação e termina no último dia, antes da próxima menstruação. A duração do ciclo menstrual é geralmente de 28 dias, com uma variação normal de 25 a 32 dias. A maior variação ocorre perto da menarca (primeiros ciclos menstruais na adolescência) e menopausa. Para o ciclo menstrual ocorrer de maneira adequada, é preciso estar intacto o funcionamento do hipotálamo (secreção de GnRH, hormônio que regula a liberação LH e FSH), da hipófise (secreção de LH, hormônio que estimula o corpo lúteo no ovário), e FSH, (hormônio que estimula os folículos ovarianos), dos ovários (estrógeno e progesterona) e do útero. Sob o controle de muitas substâncias químicas no cérebro (a norepinefrina, dopamina, serotonina, opióides, e o CRH), o hipotálamo secreta GnRH, estimulando a secreção de LH e FSH pela hipófise, que, por sua vez, estimula a secreção de estrógeno e progesterona pelos ovários. O estrógeno exerce um *feedback* negativo na hipófise (manda um aviso de volta para a hipófise), diminuindo a secreção de FSH; porém, enquanto os níveis de progesterona aumentam, no meio do ciclo, ocorre o pico de LH, promovendo a ovulação. O corpo lúteo continua secretando progesterona por mais duas semanas, quando caem seus níveis, ocorrendo então a menstruação.

Enxaqueca menstrual

As pacientes com enxaqueca menstrual (EM) são aquelas com crises de enxaqueca que aumentam de freqüência durante o período menstrual, e constituem cerca de um terço das pacientes com enxaqueca. No entanto, a enxaqueca menstrual verdadeira (EMV) é composta por crises que ocorrem apenas entre dois dias antes do início da menstruação e três dias depois do ciclo menstrual, e em nenhum outro dia fora desse período. Nesse critério mais restrito, encontram-se apenas 7% das pessoas com enxaqueca. A enxaqueca menstrual ocorre provavelmente pela queda dos níveis de estrógeno.

O tratamento medicamentoso da enxaqueca menstrual engloba medicações preventivas, abortivas da crise e terapias hormonais. Antiinflamatórios, ergotaminas e triptanos podem ser usados para o tratamento da crise de enxaqueca, e essas mesmas medicações podem ser utilizadas numa estratégia chamada de prevenção a curto prazo, utilizando-as durante o período previsto de ocorrência das crises durante o ciclo menstrual, geralmente de 5 a 7 dias. Medicações profiláticas, como antidepressivos e anticonvulsivantes, normalmente usadas no tratamento preventivo da enxaqueca, podem ser utilizadas durante todo o ciclo menstrual, caso a paciente não responda à estratégia de prevenção de curto prazo.

Terapias hormonais também podem ajudar no tratamento da EM, particularmente os adesivos transdérmicos de estrógeno. Tanto a histerectomia quanto a ooforectomia, ou seja, a retirada do útero e dos ovários, não são efetivas no tratamento da EM.

Menopausa

Menopausa é a cessação permanente da menstruação. A média de idade de ocorrência é entre 51 e 52 anos. A menopausa apresenta uma série de problemas a ela relacionados, tais como ondas de calor, depressão, ansiedade, fadiga, insônia, cefaléia, diminuição do colágeno da pele, osteoporose e aceleração da aterosclerose. Por isso, a reposição de estrógeno às vezes é indicada, mas também pode fazer com que piore a cefaléia. É a chamada cefaléia da reposição hormonal. A redução da dose de estrógeno, assim como o uso de adesivos de estrógeno, é geralmente eficaz contra essa dor de cabeça.

Contraceptivos orais

Contraceptivos orais podem induzir, aliviar ou modificar o tipo de cefaléia. Podem também desencadear a primeira crise de enxaqueca, geralmente nos primeiros ciclos e principalmente em mulheres com histórico familiar de enxaqueca.

Essas pacientes com enxaqueca podem apresentar crises no período em que não estão tomando o contraceptivo. As cefaléias podem ficar mais freqüentes, mais intensas e podem ser acompanhadas de fenômenos neurológicos. No entanto, na maioria das mulheres, o padrão das dores de cabeça não muda e algumas até apresentam melhora das crises.

Contraceptivos orais de terceira geração, que são os que apresentam dosagem menor de hormônios, apresentam baixa incidência de cefaléia (5% após o terceiro ciclo e 3% após o sexto ciclo). No entanto, o risco de acidente vascular cerebral (derrame cerebral) deve ser considerado, especialmente em mulheres tabagistas, com enxaqueca com aura, com hipertensão ou outros fatores favorecedores de trombose.

Mulheres que apresentam piora das crises com contraceptivo e que desejam continuar com ele devem considerar a mudança para uma dose menor de estrógeno ou para uma preparação com outro tipo de progesterona. Já mulheres que apresentam enxaqueca menstrual intratável ou melhora com contraceptivos orais no passado são possíveis candidatas para uma prova terapêutica com contraceptivo oral.

Gravidez e lactação

A enxaqueca está presente em 18% das mulheres, mas, no período reprodutivo, pode chegar até a 28%. A dor de cabeça pode ocorrer pela primeira vez durante a gravidez – uma enxaqueca pré-existente pode piorar –, particularmente no primeiro trimestre, mas a maioria das gestantes experienciam melhora das cefaléias de uma maneira geral. Enxaquecas menstruais melhoram durante a gestação, provavelmente por causa dos níveis estáveis de estrógeno. Ainda, 25% das mulheres não apresentam qualquer mudança das crises durante a gestação. No tratamento da enxaqueca durante a gravidez, os possíveis efeitos colaterais das medicações no feto devem ser considerados e, como muitas das medicações não apresentam segurança comprovada, seu uso deve ser limitado.

No entanto, há opções de tratamento eficazes e mais seguras. A maioria das mulheres consegue obter alívio com terapias não-farmacológicas, tais como técnicas de relaxamento, *biofeedback*, compressas de gelo, massagem, manipulação cervical. Contudo, algumas gestantes permanecem com cefaléias incapacitantes, associadas a náusea, vômitos e desidratação, que, por si só, podem gerar ao feto um risco maior que a exposição às medicações. Para o tratamento agudo das crises, os analgésicos simples, como acetaminofen (Tylenol®), são preferencialmente usados em relação às preparações que contêm aspirina, e podem ser associados a cafeína em moderadas quantidades (menos que 300 mg/dia). Antiinflamatórios, embora úteis nos primeiros trimestres, devem ser evitados no terceiro trimestre ou limitados a 48 horas de uso, pois inibem o parto, prolongam a gestação e diminuem o líquido amniótico. O uso de ergotaminas é contra-indicado. Para crises de muita intensidade, associadas a náusea e vômitos, sem resposta a medicações via oral, o tratamento hospitalar pode ser realizado, com hidratação endovenosa (soro), medicações pela veia para vômitos, entre outros. O tratamento preventivo, para grávidas, pode ser utilizado caso a freqüência das crises seja maior que duas vezes por mês ou esteja fora de controle, mesmo com as medicações para o tratamento agudo.

Neurotransmissores

Muito se fala hoje sobre os neurotransmissores, mas o que são e o que fazem esses mágicos personagens, que tanta fama ganharam nos últimos tempos?

Neurotransmissor é uma substância química produzida em uma célula do cérebro, o neurônio. Ele é capaz de conduzir e transmitir uma informação de um neurônio a outro, ou seja, é como um telefone para comunicação entre os neurônios. Essa comunicação se chama sinapse. Joseph LeDoux, professor de Neurociências em Nova York, já dizia: "Você é as suas sinapses, e elas são o que você é".

Mas por que os neurônios precisam de uma comunicação entre eles, se um está ao lado do outro? Não seria melhor uma conversa direta, sem intermediários? Eis que surge um outro problema: os neurônios funcionam através de disparos elétricos. Então, para transmitir um impulso elétrico em uma informação química, para que as células consigam "conversar", o neurônio produz e utiliza os neurotransmissores.

Os neurotransmissores são como combustíveis para o cérebro realizar determinadas funções. Num carro é preciso ter água, diferentes tipos de óleo, gasolina, lubrificantes. No cérebro é a mesma coisa: existem vários neurotransmissores e outras substâncias que também agem como neurotransmissores, por exemplo os aminoácidos, peptídeos e até mesmo gases como o óxido nítrico e o gás carbônico (veja a tabela a seguir).

Os neurotransmissores clássicos são: acetilcolina, as catecolaminas (dopamina, adrenalina e noradrenalina) e, a artista principal, a serotonina. Os aminoácidos podem ser excitatórios, que aceleram determinadas funções do cérebro (o maior exemplo é o glutamato), ou os que fazem o contrário, os inibitórios, como o GABA (ácido gama amino butírico), que diminuem a atividade de alguns sistemas. É ideal que ocorra um equilíbrio entre os aminoácidos, principalmente entre o GABA e o glutamato, para que haja um correto grau de excitabilidade, de disparo dos neurônios, para não disparar demais nem de menos. Lembra-se dos sistemas de defesa, dos alertas, da torradeira?

Os três principais neurotransmissores envolvidos nos mecanismos das cefaléias são: serotonina, noradrenalina e dopamina. Vamos entender melhor cada um deles.

Neurotransmissores clássicos	Catecolaminas (dopamina, adrenalina, noradrenalina)
	Serotonina
	Acetilcolina
Aminoácidos	Inibitórios (GABA, glicina)
	Excitatórios (glutamato, aspartato)
Peptídeos	Endorfina, substância P, calcitonina, melatonina
Gases	Óxido Nítrico, CO_2

A serotonina

A serotonina vem sendo utilizada no senso comum como sinônimo de felicidade. E, de fato, é uma substância implicada em depressão e felicidade, ansiedade e tranqüilidade e em outras diversas áreas do comportamento, como agressividade, raiva, irritabilidade. Participa também de outras funções importantes no organismo, como apetite, controle de temperatura, sono, náusea e vômitos, sexualidade e, é claro, é muito importante no sistema de dor.

Ela é sintetizada no cérebro e no tubo digestivo e armazenada em plaquetas e no sangue. Também é encontrada em muitas plantas, vegetais, frutas, cogumelos. Muitos remédios são voltados para repor a serotonina no cérebro, e têm ação favorável em diversas doenças; a classe dos antidepressivos é repleta desses medicamentos.

A noradrenalina

Noradrenalina, ou norepinefrina, é um neurotransmissor produzido na glândula adrenal, um órgão situado acima dos rins, e funciona como um hormônio. É um neurotransmissor e hormônio ligado ao estresse, ligado ao sistema de alerta, por isso é de extrema importância para o sistema de dor.

A noradrenalina aumenta os batimentos cardíacos e a pressão arterial, recruta a glicose guardada no corpo para ser utilizada, prepara o músculo para agir rapidamente e aumenta a sua contratura, aumenta o estado de alerta e também está ligada a problemas de sono. Esse neurotransmissor é o responsável pela resposta de defesa do organismo, chamada *fight-or-flight-response*, o "lutar ou fugir". Quando o organismo percebe uma ameaça, ele produz a noradrenalina para preparar o corpo para a "guerra", para lutar contra a ameaça, ou para fugir dela.

A dopamina

Dopamina é um neurotransmissor que, como a noradrenalina, é produzida na glândula adrenal. A dopamina tem diversas funções no cérebro, incluindo o comportamento, atividade motora, automatismos, motivação, recompensa, produção de leite, regulação do sono, humor, ansiedade, atenção, aprendizado. Muitos remédios que atuam na dopamina têm ação favorável em dores de cabeça.

Quer uma boa referência de como funcionam os neurotransmissores? Veja o filme *Quem somos nós?* (*What the bleep do we know?*, 2005). Há uma explicação muito boa sobre como o cérebro reage a determinados estímulos e como os neurotransmissores são responsáveis por essa resposta.

A importância dos neurotransmissores no comportamento e funções no cérebro se misturam. O diagrama abaixo representa a interação entre os três neurotransmissores mais importantes para dor no cérebro: a serotonina, a dopamina e a noradrenalina.

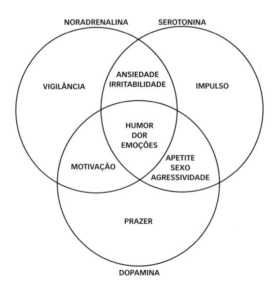

Antecipação, uma faca de dois gumes: passado, presente e futuro

Só existem dois dias do ano nos quais não se pode fazer as coisas, ontem e amanhã.
Dalai Lama

A ansiedade é uma das características de maior importância na enxaqueca. Vários são os nomes: falamos em estresse, tensão, preocupação, antecipação, expectativa apreensiva, medos, pânicos, manias, angústias, que são variações e matizes de um mesmo processo de maior abrangência. Tenho dificuldade de ver alguém em meu consultório que não tenha algum traço de ansiedade. Os poucos que inicialmente disseram não ser ansiosos, depois reconheceram que tinham essa característica.

A enxaqueca é uma situação multifatorial, mas, se eu tivesse de escolher um aspecto mais importante, diria que a ansiedade e todas as suas características associadas e similares estão no topo da lista. Colocar a ansiedade em primeiro plano não quer dizer que outros fatores não sejam importantes nem que para determinados pacientes ela seja a causa da cefaléia. Então vamos dissecar esse tópico em profundidade.

A ansiedade, assim como a dor, a febre, a tosse, o cansaço, a diarréia, o vômito, é um sistema de defesa do organismo. Existe um papel para a antecipação. Sua origem primária é simples: sobrevivência. Ela existe para que o organismo se posicione bem ante os possíveis acontecimentos futuros, para que o indivíduo evite determinadas situações, para que ele não se coloque em risco, para que não ameace a sua integridade física e psicológica.

Há, na nossa experiência de vida, três padrões de tempo, o passado, o presente e o futuro. Existe uma ferramenta no cérebro para que possamos visitar o passado e aprender com ele, que é a memória. Temos de lembrar de coisas para que possamos evoluir. Por outro lado, temos a ferramenta do planejamento, da antecipação, para que possamos prever os acontecimentos futuros e ter uma boa posição perante eles.

Passado, presente, futuro

Aspectos positivos e negativos no passado
e no futuro são vistos como isolados, mas...

Como as experiências humanas são centradas no presente,
os acontecimentos negativos do passado e as preocupações
do futuro são levantados na nossa mente; dessa forma viveremos no agora.

São mecanismos essenciais para o ser humano, mas acionamos e utilizamos esses aspectos de maneira muito inadequada, exageramos nos dois lados e pecamos por excesso.

A questão fundamental é que só existe o presente! Não estamos nem um segundo depois nem um segundo antes do agora. O cérebro consegue visitar passado e futuro, mas não consegue desgrudar do presente; para todos os efeitos, só existe, para o cérebro e para nós, o agora.

Se trazemos do passado os fatos traumáticos, ruins, as experiências negativas e arrastamos essas lembranças para o presente, é daquela forma que vivemos, ou seja, experienciamos novamente as cenas, e o cérebro reage como se elas estivessem acontecendo de novo.

Ocorre o mesmo, se fizermos isso com o futuro, com as antecipações de possibilidades que, naturalmente, não vão acontecer.

A ansiedade também está presente em eventos que podem, sim, acontecer, por exemplo, a aproximação da data de partida de alguém, ou uma prova; mas, na maioria das vezes ficamos ansiosos por nada, desnecessariamente. Por colocarmos aquela imagem mental e vivenciarmos no presente uma cena idealizada, o organismo interpreta como se a tragédia estivesse na iminência de acontecer ou como se já estivesse acontecendo. A partir disso, o corpo secreta substâncias de defesa, corticóides, adrenalina, hormônios que nos fazem ter diversas reações, e gastamos inutilmente uma energia descomunal para nos proteger de algo que não existe! O organismo se prepara para uma guerra que passa a realmente acontecer, sem, na realidade, estar acontecendo.

Que loucura! Mas é isso mesmo. Para cada expectativa de algo ameaçador que pode ocorrer, é um exército que se forma no organismo e, como todo exército, custa muito esforço e muita munição.

Os neurotransmissores que deveriam estar ali para dar combustível para funções mais úteis do cérebro são dizimados e o combustível restante é gasto, fazendo faltar os substratos químicos que promovem o bem-estar, a calma, a tranqüilidade e, é claro, faltam também as substâncias para a analgesia, para defender você da dor.

As sujeiras cerebrais são armazenadas e os combustíveis, gastos, por isso tantos sintomas: dor, cansaço, mal-estar, sono ruim, náuseas, tonturas, falta de memória; o sistema nervoso fica em completo desequilíbrio. Temos que utilizar os mecanismos corretamente, sem sobrecarregá-los. Em suma, o principal remédio para o tratamento da enxaqueca é estar com tudo em ordem: os neurotransmissores e sinapses, as endorfinas, as serotoninas e todos os outros componentes químicos.

E se...

É o famoso "e se...". E se meus filhos ou meus pais morrerem, e se eu for assaltado, e se eu tiver alguma doença, e se eu morrer, e se eu tiver dor, e se essa dor for um câncer ou um aneurisma, e se eu perder o emprego, a mulher, e se faltar dinheiro... São tantas coisas ruins que podem acontecer que passamos a não ter dúvida de que uma delas vai acontecer a qualquer momento!

Quando o medo é específico para algum fato ou objeto, a fobia é considerada específica. Pode ser medo de coisas da natureza como altura, água, tempestades; pode ser medo de animais, como cobras, insetos, cachorro; pode ser do tipo sangue-injeção-ferimentos, como o medo de agulha, de ter alguma doença, e pode ser do tipo situacional, como o medo de avião, elevadores, lugares fechados.

É grande o número de pacientes com enxaqueca que têm fobias; ao menos uma fobia foi diagnosticada em um terço de nossos pacientes com enxaqueca crônica e, quanto mais fobias, maiores os níveis de depressão e ansiedade.

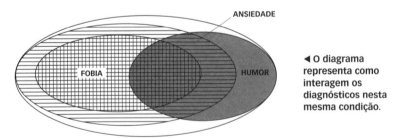

◀ O diagrama representa como interagem os diagnósticos nesta mesma condição.

Os cem dias de ansiedade

Um exemplo de como vivemos a antecipação dos fatos é a história dos cem dias de ansiedade. Crie a fantasia de que alguma coisa muito importante está para acontecer em cem dias a partir de hoje. A cada dia você fica pensando, preocupando-se com o que aconteceria no centésimo dia. São 99 dias de sofrimento pela espera do dia de número 100, se você ficar antecipando esse dia. Porém, se os 99 dias foram vividos sem a expectativa e a ansiedade antecipada, o sofrimento se reduz apenas àquele do acontecimento esperado, se reduz a 1% do que poderia ser 100%.

O nosso dia-a-dia pode ser assim, como os cem dias de ansiedade, ou pode ser restrito aos acontecimentos como e quando eles aparecem. Da mesma forma, um acontecimento do passado pode ser arrastado para o presente, e o sofrimento pode se prolongar também por cem dias ou mais...

Pessimismo e otimismo

Don't worry, be happy...

Para utilizar corretamente a memória e o planejamento e ter bom contato com o passado e o futuro é preciso vencer a tendência natural do nosso pensamento em se fixar nas coisas ruins. Deve ser um esforço diário; se relaxarmos nessa vigilância, pronto, já está o seu pensamento buscando alguma possível tragédia para você se preparar.

Há pessoas com naturezas mais favoráveis para o pessimismo e outras que são otimistas sempre. A maioria das pessoas fica entre esses dois casos e precisa constantemente cuidar para entrar em uma faixa de pensamento positivo e não se deixar contaminar com os pensamentos negativos.

Da mesma forma como podemos antecipar as tragédias e viver como se elas estivessem acontecendo, podemos antecipar as coisas boas e viver tranqüilos, como se nada de mal nos acontecesse. A perspectiva otimista deve se estender também aos fatos do passado; se algo ocorreu de muito triste ou sofrido, é preciso dar novo significado à experiência, virar a página e não ficar alimentando ódio, raivas, frustrações, pois isso é brasa para a fogueira da enxaqueca e um ótimo alimento para ativar crises. Aceitar os acontecimentos difíceis da vida é uma tarefa sempre árdua, mas a eficiência em conseguir resolver os problemas do passado, e também os atuais, é diretamente proporcional à eficiência da redução das crises de cefaléia.

Humor

Não há problema que não possa ser solucionado pela paciência.
Chico Xavier

O humor é peça-chave para o nosso bem-estar. Chegam a ser quase antagônicos bom humor e dor. Dá pra formar dois casais: bom humor sem dor, mau humor com dor.

Humor é um domínio que inclui o ânimo, o prazer, a vontade de fazer as coisas, a felicidade e a alegria. Quando o humor está para baixo, aparece a depressão, a falta energia e vontade, tudo é difícil, há tristeza, culpa, sensação de inutilidade, desespero, pensamentos de que a vida não vale a pena, desejo passivo de morrer, choro, angústia, irritabilidade, aparecem medos, perde-se a fome ou come-se muito.

O espectro bipolar

Oscilamos de humor sempre. É uma característica universal de todo ser humano; se não há oscilação, o estado é doentio. Porém, as flutuações de humor têm de respeitar limites. Altos e baixos são fatores desencadeantes potentes da enxaqueca.

A enxaqueca tem uma natureza bipolar; o próprio fato de estar com dor altera o humor, e a saída desse estado já o muda necessariamente. Mas é algo além disso. Ocorre, com uma certa freqüência, na enxaqueca, uma oscilação do humor mais importante: o espectro bipolar.

Antigamente conhecia-se o transtorno bipolar como grandes oscilações que alternavam da mania – com surtos desenfreados de compra, necessidade reduzida de sono, ego inflado, pressão por falar, exagero nas atitudes – para a depressão grave com tentativas de suicídio. Era conhecida como a psicose maníaco-depressiva. Mas os conceitos mudaram ao longo do tempo; ampliou-se o que se chamava de depressão bipolar, admitindo-se outras variações de menor grau e, atualmente, falamos no espectro bipolar. Achava-se que a depressão bipolar afetava apenas cerca de 1% da população, mas, quando a mesma população norte-americana da qual se extraiu esse número foi reavaliada pela US

National Epidemiological Catchment Area, observou-se que o espectro bipolar afetava muito mais gente, 6,5% da população americana, o equivalente a 12 milhões de pessoas.

Irritabilidade

A característica que chama atenção também no espectro bipolar é a irritabilidade. Na enxaqueca, é clássica a intolerância ao barulho e à luz, e bem comum o incômodo com cheiros. Muito freqüente é a observação de irritabilidade, pavio curto, intolerância não só aos sentidos visão, audição e olfato, mas a irritabilidade a fatos, pessoas: a impaciência. A meu ver, todos esses fenômenos têm a mesma natureza: a fotofobia, fonofobia e osmofobia estão relacionadas à hiperexcitabilidade das células cerebrais (do aumento do limiar de disparo dos neurônios) e à irritabilidade que vemos nos sofredores de enxaqueca. Considero a irritabilidade o grande elo entre a enxaqueca e a depressão, já que as duas síndromes se apresentam com essa característica.

▲ Gráfico mostra a interação entre enxaqueca e depressão, e o principal fator de associação: a irritabilidade

Raiva

A enxaqueca aumenta proporcionalmente à minha indignação.
Relato de um paciente

Irritabilidade e raiva andam muitas vezes de mãos dadas. Certa vez estava atendendo uma paciente na sua primeira consulta na clínica de cefaléia do Hospital da Thomas Jefferson University, na Filadélfia, Estados Unidos, e ela me passava a sua impressão do porquê da sua dor de cabeça.

Surpreendentemente ela me dizia: "Sou uma chata, ninguém me agüenta, nem eu mesma me agüento!". Dizia isso em um tom deprimido, reconhecendo que tinha uma instabilidade do humor incontrolável, não conseguia domar o seu jeito explosivo, o seu pavio curto, ficando com a auto-estima lá embaixo, sentindo-se o último dos seres vivos. Mas o que ela não sabia era que essa irritabilidade era parte de uma doença que poderia ser tratada com remédios, além de um treinamento para se controlar melhor.

Perguntar para as pessoas que têm dor de cabeça se passam muita raiva pode ser uma boa via para elucidar os mecanismos que originam a dor. Uma pessoa fica naturalmente irritada durante uma crise de enxaqueca, mas também pode ficar irritada fora dela, e isso pode ser um fator para gerar novamente uma dor de cabeça. Quando a pessoa está irritada, a raiva entra em cena, a explosão, um comentário ácido, um destempero e até mesmo uma briga importante podem ser deflagrados.

Conflitos mentais e imagens de briga

Outra coisa comum, e que normalmente as pessoas não percebem que estão fazendo, são as imagens mentais de briga, discussões, conflitos. Quando há uma briga, mais do que o próprio momento em que ela ocorre, o sofrimento vem da sua repercussão, não só com as outras pessoas mas consigo mesmo. A reverberação da cena da briga na cabeça é muitas vezes a parte mais sofrida da experiência.

Quando há uma raiva latente, a imagem mental, a forma-pensamento do conflito gera um desgaste incrível e, de novo, imagine só o que acontece com o sistema de dor? É disparado como um pedido de ajudo do organismo, um SOS, pois uma grande briga e ameaça está ocorrendo... E está mesmo! Só que na sua mente, não na realidade. A briga ocorre apenas na realidade virtual dos seus pensamentos, mas é isso que conta, pois o cérebro percebe e reage de acordo com o que pensamos.

Mente acelerada na vida moderna

Não tenhamos pressa, mas não percamos tempo.
José Saramago

A aceleração mental é um fator de confusão entre ansiedade e o espectro bipolar. São as pessoas que estão ligadas no "220", sempre com mil pensamentos, mil projetos, trabalham muito e freqüentemente estão ansiosas, ou porque são também antecipadoras, excessivamente preocupadas, ou porque a própria aceleração mental e o envolvimento em diversas frentes geram demandas de trabalho, responsabilidade, sobrecarga.

Como vimos, duas coisas são imutáveis: o dia continua a ter (e sempre terá) 24 horas, e o nosso pensamento sempre vai estar ligado ao presente, ao agora.

Celular, pagers, *e-mails*, a invasão da informação, não se passa um segundo sem que alguma informação chegue até nós. A televisão tem mais de cem canais, o rádio comunica instantaneamente, todos os seus CDs cabem na palma da sua mão com o iPod®; e o acesso a músicas que nunca imaginou e que talvez nunca tenha tempo de ouvir, videogames, sites interativos, tudo isso invade o cérebro de maneira avassaladora.

A soma desses fatores leva a pessoa ao desgaste, e um dos primeiros sinais de exaustão é o recrutamento do sistema de dor pelo organismo. Aperta-se o botão de emergência para tentar avisar a pessoa que a torrada está queimando.

Telefone de disco e a espera do elevador

Vamos fazer uma experiência, uma viagem no tempo. Imagine-se fazendo uma ligação de um telefone de pulso, e não de tom, como são os celulares e telefones modernos. Lembre-se daqueles telefones de disco. Telefonar de um aparelho de disco é uma vivência interessante. Pode ser extremamente irritante estimular e testar a nossa paciência, mesmo que a ligação não seja urgente.

Edward Hallowell, um psiquiatra americano estudioso desse tema, contou a história de uma viagem de férias que fez para uma cidade do interior dos Estados Unidos, onde o telefone celular não pegava bem e a única opção de comunicação era utilizar um telefone de disco. Ele se sentia impaciente porque não agüentava esperar que o disco fosse até o final de cada número discado e depois voltasse lentamente ao ponto de partida. Parecia uma tarefa sem fim.

A aparelho também fazia um barulhinho irritante. Como podia ser aquela experiência tão lenta? Estava fazendo uma ligação para um amigo, sem a menor pressa, para combinarem um passeio no final do dia, mas mesmo assim Edward ficou irritado!

Ele teve depois a curiosidade de cronometrar quanto tempo tinha "perdido" naquela ligação, e foram exatos 11 segundos. Aquele tempo perdido aborreceu Edward de tal maneira que ele percebeu que era como se fosse uma resposta desproporcional do organismo, como se sua vida estivesse em perigo. Isso ocorre conosco a todo instante ao termos pressa, ao sentirmos que a aceleração mental e a velocidade das coisas está mais baixa do que esperamos. Parece que estamos em ameaça! Entramos nesse ritmo e temos enorme dificuldade para sair dele. Ele estava de férias e não pôde esperar 11 segundos!

Um paralelo ao fenômeno do telefone, eu vivo diariamente; assim como a maioria das pessoas, trata-se do drama do elevador. Não há como não ficar impaciente por causa da demora de um elevador, mas ele pode lhe ensinar também muitas coisas. Vamos aprender.

Depois de Dr. Hallowell, também me interessei em cronometrar a espera do elevador. Em casa ou no trabalho, dependendo de que andar você está e para onde quer ir, o tempo pode ser maior ou menor. Se você está querendo descer, em muitos casos, mesmo que sejam 10 andares, descer de escada pode ser mais rápido do que esperar o elevador. Mas não é o nosso objetivo aqui chegar mais rápido, e sim tomar a decisão certa e saber lidar com a ansiedade e a velocidade dos acontecimentos na nossa vida.

Apesar de facilmente nos irritar, a espera do elevador pode ser dolorosa ou não, pode até mesmo ser uma experiência agradável. Mude a impaciência dessa espera para a descida dos andares pela escada. Você ainda vai gastar algumas calorias! Se não tiver jeito, espere e encare aqueles segundos ou minutos como momentos de meditação, relaxamento, desvie o foco da irritação para o sentido oposto. Talvez você queira até perder o elevador para poder relaxar mais.

Alto grau de exigência

Enxaquecosos são perfeccionistas, cobram-se demais, querem que as coisas aconteçam sempre como planejadas; esse é um outro ponto de desgaste. Vivemos cada vez mais invadidos pela tecnologia e hoje o trabalhador tem múltiplas funções e jornadas de trabalho, é cada vez mais cobrado. Mas a cobrança mais nociva invariavelmente é a cobrança interna, é a exigência que a pessoa tem consigo mesma. Acompanha esse componente a frustração.

O indivíduo quer o melhor, esforça-se para isso, porém nem sempre os resultados são os que espera. Falhamos em provas, em promoções, ganhamos menos do que gostaríamos e trabalhamos mais que deveríamos, não há tempo para cuidar do corpo, fazer exercícios, não há tempo para a família, esposa e filhos; lazer, nem pensar! A pessoa vive numa espiral de frustrações, mas a raiz dessas frustrações foram exatamente as expectativas muito exageradas. Nesse caso, ocorre o fenômeno do "o ótimo é inimigo do muito bom": aceleramos para buscar o ótimo e perdemos o muito bom que já tínhamos em mãos. De novo o ser humano à procura do seu ponto de equilíbrio. E o que a enxaqueca quer com a gente?

Uma paciente, uma vez, disse para mim: "A minha enxaqueca só está apontando a direção para onde tenho de ir. Quando saio da rota certa, lá vem ela me lembrar!"

E quando as coisas dão errado, você se culpa? Esse é um dos venenos poderosos do bem-estar, do bom humor e um ótimo deflagrador de depressão e enxaqueca. Dando voltas nas coisas, eis aqui uma seqüência explosiva para a enxaqueca: alto grau de exigência, expectativa muito alta, frustração e culpa, a pessoa não se permite falhar, só vale a perfeição. Como nada acontece do modo perfeito, ela se frustra e se culpa pelos erros cometidos que a levaram ao insucesso. Este nó pode ser desatado se a pessoa aceitar a falha ou se aceitar que não deu para acontecer aquilo como quis e, assim, não se frustrar.

Quando a atitude de culpa se estabelece, achamos uma série de jeitos de nos auto-sabotar. Vejo em alguns pacientes um certo conforto com o sofrimento; parece que, por dentro, a pessoa se vê merecedora de uma punição e alimenta a enxaqueca como forma de autoflagelo. Não se perdoa por algum acontecimento que poderia ter evitado ou por algum comportamento ou atitude que tomou. Num primeiro momento parece absurda essa colocação.

– Doutor, eu estou vindo aqui para ficar bom! Como pode pensar nisso? – diz o paciente.

– Reflita um pouco sobre o assunto. Vejo acontecer em alguns pacientes, pode ser o seu caso, mas é você mesmo quem vai me dizer se isso não está acontecendo. Se a dor de cabeça não for um instrumento de autopunição, menos mal, vai ser muito mais fácil o resultado do tratamento.

Essa área do inconsciente é bem pantanosa, pois se a pessoa reconhece que existe um reforço positivo próprio para suas dores de cabeça, sente-se muito mal, como se ela mesma fosse a causa da dor, e a mesma dificuldade reincide, pois essa situação é de difícil aceitação. Um círculo vicioso de culpa, auto-estima negativa, depressão e dor se estabelece e, infelizmente, a pessoa pode sofrer para sempre, sem conseguir sair dessa bola-de-neve, desse nó.

O executivo

O exemplo do executivo é bastante ilustrativo. Jovem, cheio de força e pique, disposição tremenda para o trabalho, tem vontade de conquistar o mundo e quer ser o presidente da empresa. Fez ou está fazendo MBA, fez curso de inglês, é o primeiro a chegar ao trabalho e o último a sair. Casado e com filhos pequenos diz que vai trabalhar mais dez anos, dar tudo de si e se aposentar. Cobra-se uma postura de sempre solucionar os problemas da empresa e, por isso, atravessa as noites e finais de semana para conseguir aprontá-los num prazo recorde. Tem um aparelho que recebe e-mails em qualquer lugar onde esteja, viaja muito. Tem também dois celulares – um deles pega em qualquer lugar do mundo, a qualquer hora! Liga para a filial da empresa na Europa às 4h da manhã, porque lá estão trabalhando.

Só come porcarias, pois sempre tem de almoçar com clientes. Está 15 quilos acima do peso, dois anos antes estava 10 acima. Vem tendo dores de cabeça cada vez piores, mais freqüentes, os remédios já não adiantam, está tremendamente irritado, impaciente, a ponto de estourar com alguém no trabalho, mas se segura. Com a esposa já briga freqüentemente. A energia que tinha não é mais a mesma. Começou a tomar anti-hipertensivos, pois um dia foi parar na enfermaria e estava com pressão alta. Seu colesterol também está alto. Fuma um maço de cigarros por dia e não consegue parar.

Esse exemplo não deve ser modelo para ninguém e certamente ninguém planejou esse somatório de acontecimentos, mas o fato é que a dor entra como a ponta de um *iceberg* na pessoa. Há uma complexidade de fatores envolvidos e uma combinação muito favorável para algum desequilíbrio de saúde. Há incompatibilidade entre o estilo de vida exemplificado pelo executivo descrito e uma vida com saúde e bem-estar. Muitas modificações precisam ser feitas e a motivação e esforço principal deve ser, inicialmente, de fazer essa pessoa perceber a temperatura em que está seu organismo, em que rotação está girando a máquina, o cérebro, e quão preta e queimada já está a torrada.

A supermulher

A síndrome da supermulher é uma situação cada vez mais comum entre as mulheres, especialmente entre as enxaquecosas. Mudou-se radicalmente o modo de vida nas sociedades do mundo inteiro; com a globalização e a modernidade, o papel da mulher ao longo dos séculos foi se modificando e hoje ela está competindo "cabeça a cabeça" com homens por cargos, funções e até em hábitos nocivos, como o tabagismo e o sedentarismo.

O movimento feminista da década de 1970 pedia direitos iguais. Realmente, esses direitos foram conquistados. A mulher vota, trabalha, tem seus direitos garantidos e até delegacia especial.

Ocorre que a mulher já é "presenteada" três vezes mais com a enxaqueca do que os homens. Isso se deve à genética, hormônios e, sem dúvida, também ao estilo de vida. A supermulher é a supermãe, supertrabalhadora, superdona-de-casa e superatleta. A mulher ganhou mais e mais atribuições ao longo do tempo, mas não ganhou ainda um dia mais longo que 24 horas, um final de semana de três dias e um ano de 13 meses. A necessidade das crianças, da casa, do marido, do trabalho, dos cuidados com o corpo só aumentaram e não houve uma compensação para essa sobrecarga. A supermulher faz tudo, trabalha, da nó em pingo d'água, mas é uma mulher só, trabalhando por três ou quatro. A mulher do século XXI, se não teve, é uma excelente candidata a ter enxaqueca.

As cobranças são múltiplas, de todos os lados, mas o mais forte é o lado de dentro, a cobrança interna. O problema da supermulher é que ela, além de ter de fazer tudo, cobra-se para fazer tudo perfeito. Não há cristo que agüente! Lá vem a enxaqueca para atrapalhar todos os planos, mas a verdade é que existe um motivo para o sistema de dor ser recrutado. Ela está funcionando em alta rotação, em alta temperatura, então uma hora o corpo grita e pode ser a cabeça, o estômago, o intestino, a pressão arterial, os hormônios, e, se o cigarro, o aumento de peso, o colesterol e o sedentarismo estiverem presentes, a supermulher passa a ser uma supercandidata a derrame cerebral e infarto do miocárdio.

Vamos ver como podemos modificar tudo isso a seguir.

Capítulo 4

Fatores associados à enxaqueca

A vida não se limita a ir cada vez mais rápido.
GANDHI

Comorbidades e fatores de risco

UM HOMEM DEVER SER ENCARADO COMO UM SER INTEGRAL, com múltiplas facetas, aspectos, características e dimensões, e não como uma doença ou um número. Há uma forte tendência na área de saúde em direção à humanização dos atendimentos.

Comorbidade é uma palavra que ouvimos cada vez mais na medicina; também não deixaria de ser diferente com as cefaléias. O termo foi inicialmente concebido por Feinstein, em 1970, para definir a associação de duas doenças. Depois, esse termo foi ampliado no seu conceito para designar não uma simples associação casual entre doenças mas uma associação real, bidirecional. É como uma via de mão dupla: a doença A afeta a B e a B afeta a A, e o fator C interfe nas duas doenças, A e B.

Vamos dar o exemplo de uma das associações mais importantes na medicina, a pressão alta e o diabetes. O fato de ter um dos problemas aumenta a chance de ter o outro, e fatores comuns interferem negativamente, como cigarro e aumento de peso, e positivamente, como exercício físico e dieta. Fatores genéticos e ambientais levam a pessoa a uma predisposição cerebral para ter enxaqueca e comorbidade.

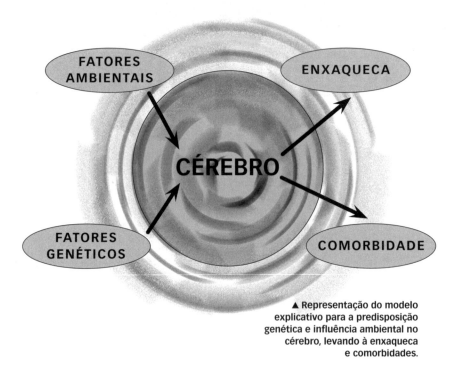

▲ Representação do modelo explicativo para a predisposição genética e influência ambiental no cérebro, levando à enxaqueca e comorbidades.

A enxaqueca apresenta uma lista grande de comorbidades. O quadro a seguir mostra alguns exemplos de doenças que são associadas à cefaléia: infarto agudo do miocárdio, acidente vascular cerebral (derrame), com epilepsia, com as síndrome somáticas funcionais (fibromialgia, fadiga, intestino irritável, vamos ver a seguir), transtornos psiquiátricos (depressão, ansiedade, pânico, fobias, transtorno bipolar), asma, alergias, tremor, fenômeno de Raynaud etc.

QUADRO GERAL

- Epilepsia
- Doença cérebro-vascular
- Tremor
- Fenômeno de Raynaud
- Distúrbios do sono
- Depressão
- Distúrbios de ansiedade
- Distúrbios do pânico
- Fribromialgia
- Hipertensão
- Hipotensão
- Angina/IAM
- Úlcera
- Osteoartrites
- Asma
- Alergias

E o que significa um fator de risco?

Fator de risco nada mais é que a chance que você tem para desenvolver determinada doença caso apresente um determinado aspecto. Exemplo: a chance de um fumante ter um infarto é três vezes maior que um não fumante.

O que acontece, então, se eu tiver enxaqueca?

Existe a chance de acontecer algo mais ou de alguma outra doença se desenvolver em mim? Infelizmente essa é uma realidade e, por isso, devemos reconhecer e tratar a enxaqueca prontamente. A enxaqueca é, então, fator de risco para um série de doenças, ou seja, o fato de tê-la faz com que ocorram mais chances para apresentar outras doenças no futuro.

Veja, no quadro a seguir, a relação de algumas doenças e quanto a enxaqueca piora cada uma delas.

Isquemia cerebral	2 a 5 vezes mais
Epilepsia	4 vezes mais
Epilepsia + enxaqueca com aura	8 vezes mais
Depressão	4 vezes mais
Ansiedade	3 vezes mais
Pânico	6 vezes mais
Fobia	3 vezes mais

A enxaqueca é uma doença progressiva?

Ela pode piorar com o tempo, transformar-se em outra síndrome? Este é um tópico dos mais atuais e quentes nos congressos de cefaléia. Realmente há casos em que a doença progride, sim. Já vimos que a enxaqueca é fator de risco para outras doenças, mas ela própria pode piorar, ficar mais forte, mais freqüente. Isso não ocorre, felizmente, com todas as enxaquecas, mas temos de estar atentos aos fatores que a levam à cronificação, ou seja, à piora. Vamos ver a depressão e a ansiedade.

Ansiedade e depressão

Avaliamos o ponto final da cronificação, da evolução para piora da enxaqueca, que são os pacientes que têm dor todos os dias, os pacientes com enxaqueca crônica. Dividimos as enxaquecas em episódicas e crônicas. As episódicas são aquelas que vêm de vez em quando, definimos menos que 15 dias de dor por mês. Já a crônica é aquela que apresenta mais dias com dor do que sem.

Ansiedade, depressão, enxaqueca episódica e posteriormente enxaqueca crônica. Parece que a evolução dos sintomas até enxaqueca crônica obedecem a uma ordem de início, uma cronologia e uma sucessão no desencadeamento.

Na figura adiante, vemos que o quadro se inicia com sintomas de ansiedade; aparece, a seguir, a enxaqueca episódica, dores de cabeça esporádicas, que antecedem a sintomas de depressão, que depois se transformam no conjunto de dores diárias, ansiedade e alterações do humor.

Vamos analisar o caso de uma paciente com enxaqueca. Uma mulher de 55 anos contava que tinha medos desde a infância, sofria com muita ansiedade desde a adolescência, ficava muito ansiosa com provas; após o início das menstruações começou a ter dores de cabeça praticamente uma vez por mês; as crises foram piorando, tornando-se mais freqüentes, até que casou e teve filhos. Durante as gestações, ficava mal no primeiro trimestre e depois ótima até o final, mas as crises voltavam no puerpério. Aos 35 anos, perdeu o pai e, no ano seguinte,

IDADES DE INÍCIO DOS MALES

Gráfico de barras com valores no eixo vertical (0, 5, 10, 15, 20, 25, 30, 35, 40) e categorias no eixo horizontal: ansiedade, enxaqueca episódica, depressão, enxaqueca diária.

separou-se do marido; entrou em um quadro de depressão. As crises foram piorando ainda mais, até que, com 40 anos de idade, tinha dores de cabeça todos os dias, tinha intenso medo de ter dor e, por isso, tomava analgésicos diariamente, às vezes só para se prevenir.

Ela se arrastou por 15 anos, sofrendo com dores, dormindo mal, com desânimo e muita ansiedade e preocupação excessiva. Começou então um tratamento com remédios, psicoterapia e exercícios e hoje está bem, tem dores leves e bem espaçadas, mas é bem-humorada e retomou a vida.

Esse é um exemplo típico da progressão da enxaqueca, mas a história pode não ter um final feliz, como o do exemplo. Sem um tratamento, o sofrimento vai se alongando...

As síndromes somáticas funcionais

As síndromes somáticas funcionais são doenças com características semelhantes. Elas são todas baseadas em sintomas que normalmente não aparecem nos exames, cada uma compreendendo primariamente um sistema do organismo. Ocorrem mais nas mulheres, causam intensa incapacidade e sofrimento, são associadas entre si e freqüentemente acompanhadas por ansiedade, depressão e distúrbios do sono. As queixas são geralmente difusas e podem ser inespecíficas. As mais comuns são: fadiga, cansaço, dor de cabeça, dor no corpo, dificuldade de memória, fraqueza e alterações digestivas (diarréia, dor abdominal, dispepsia, intestino preso).

Dentre as doenças consideradas como parte do grupo de síndromes somáticas funcionais estão a própria enxaqueca e, principalmente, a fibromialgia, a síndrome do cólon ou intestino irritável e a síndrome da fadiga crônica. São descritas também a dor torácica não coronariana, a síndrome da hiperventilação e a dor pélvica crônica.

Cada especialidade médica tem um diagnóstico para rotular sintomas que não são parte de outra doença e que tem uma natureza inespecífica. Na gastroenterologia, a síndrome do intestino irritável; na reumatologia, a fibromialgia; na infectologia, a síndrome da fadiga crônica, e assim por diante.

A sobreposição entre essas síndromes é bastante grande, ou seja, um paciente com fibromialgia tem freqüentemente enxaqueca e cólon irritável, e um paciente com enxaqueca pode apresentar dor no corpo todo.

Dores no corpo são freqüentes queixas em pacientes com dor de cabeça. Cerca de dois terços dos pacientes apresentam, além da cefaléia, dor no pescoço, principalmente durante as crises, mas também fora delas. Dor lombar, também chamada de lombalgia, é freqüente também, mas pacientes com enxaqueca podem se queixar de dor no corpo todo, podendo apresentar uma síndrome conhecida como fibromialgia.

Os pacientes com enxaqueca que mais são diagnosticados com fibromialgia são os que apresentam dor de cabeça diária ou quase diária, a enxaqueca crônica. A fibromialgia está presente em 36% desses casos. Estudo feitos pelo nosso grupo de pesquisa mostrou que insônia, depressão e ansiedade estão associados à fibromialgia em enxaqueca crônica.

Por que isso acontece?

No cérebro ocorre um processo chamado de sensibilização ou sensitização central. Quer dizer que toda a região do corpo fica sensível e dolorosa, qualquer toque em determinadas áreas do corpo leva à dor.

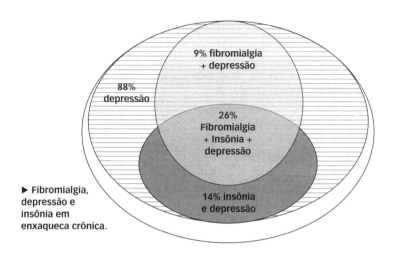

▶ Fibromialgia, depressão e insônia em enxaqueca crônica.

Substâncias no cérebro, como o glutamato, estão em quantidades elevadas e propiciam o quadro de dor. É importante saber que analgésicos tomados diariamente para fibromialgia podem levar à cefaléia rebote, então o tratamento apropriado deve ser o preventivo medicamentoso e não medicamentoso.

Problemas de sono

Por que dormimos? O sono é um fenômeno misterioso, é como morrer e renascer diariamente. O sono é um evento biológico fundamental para os seres vivos. Viver sem dormir é incompatível com a vida. O organismo precisa de descanso, de reparo, e é durante a noite que isso ocorre. O ser humano é um animal diurno, todas as nossas funções estão preparadas para atuar durante o dia e se apagam à noite. Vivemos em um ciclo dependente da luz do sol, do claro do dia e do escuro da noite, é o ciclo sono–vigília. Durante o sono da noite ocorre a preparação para um novo dia. Para tanto, precisamos de uma série de eventos biológicos que acontecem à noite.

Na realidade, o sono não é um simples apagar de luzes; o cérebro continua funcionando, mas de um outro jeito, voltado para "resfriar" a engrenagem. Existem várias fases do sono, a mais famosa é o sono REM, do inglês *Rapid Eye Movement*. O sono tem ciclos de cinco fases:

fases 1, 2, 3, 4 e REM. Acontece como uma escadinha, veja a figura a seguir, chamada "arquitetura do sono".

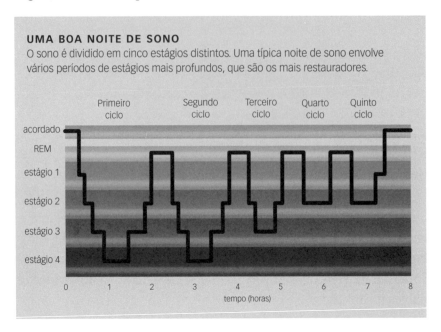

Uma noite maldormida é uma grande desencadeadora de dor de cabeça, não só de enxaqueca mas de qualquer outro tipo de dor. Dormir mal causa dor, mas ter dor também faz com que durmamos mal. É uma via de mão dupla, um interfere no outro e os dois estão correlacionados, andam juntos. Se a dor é muito forte e freqüente, pior é o sono e, quanto pior se dorme, mais grave é a dor de cabeça.

Mas não é só isso. Tanto a dor quanto a dificuldade de dormir podem ser oriundas de uma terceira causa, um outro fator que esteja desencadeando tanto a cefaléia quanto os problemas de sono. Por exemplo, tomar muito café ocasiona insônia (especialmente se for ingerido depois das 18h) e dor de cabeça. Da mesma forma, uma preocupação intensa tira o sono e dá dor de cabeça.

Cada pessoa tem um tempo de sono próprio, alguns precisam de mais, outros de menos horas de sono; na média, oito horas por noite. Além das horas de sono, é preciso que o sono seja reparador, que haja um equilíbrio entre as várias fases do sono. A perda da arquitetura do sono pode resultar em um sono não reparador. Vários são os distúrbios do sono, mas um dos mais freqüentes é a insônia, da qual ainda vamos falar mais a fundo. Têm importância para cefaléias outros distúrbios, como a síndrome da apnéia do sono, a síndrome das pernas inquietas, síndrome do atraso e retardo da fase de sono e a sonolência diurna, que abordaremos a seguir.

Insônia

A insônia é definida pela dificuldade de iniciar ou manter o sono. Ela pode ser apenas uma demora para pegar no sono, mas pode ser também caracterizada por vários despertares durante a noite e até mesmo dormir por um tempo, mas despertar muito cedo e não conseguir mais dormir. Usamos, para esses tipos de insônia, respectivamente, as terminologias: insônia de início, insônia de manutenção e insônia terminal. Esse distúrbio pode acontecer isoladamente e pode ser secundária a alguma doença ou medicamento. A insônia é freqüente em cefaléias, fibromialgia, ansiedade e depressão e ocorre com o uso excessivo de cafeína, estimulantes e alguns remédios. Ocorre também em doenças respiratórias, da tireóide, digestivas (refluxo), câncer e falência renal. É extremamente freqüente na população geral, afetando de 30 a 50% das pessoas ao longo da vida, isto é, em algum momento da vida, cerca da metade das pessoas podem ter dificuldade em iniciar, manter ou terminar o sono. A insônia é mais comum em mulheres que em homens e é mais prevalente em idosos. Uma sofredora de enxaqueca dorme pior que uma outra pessoa que não tem dor. Na média, um enxaquecoso dorme em média 30 minutos menos que uma pessoa sem enxaqueca, acorda mais vezes durante a noite e tem um sono menos reparador.

A falta de sono, por incrível que pareça, pode ser percebida ou não. Pode ocorrer de a pessoa deitar na cama, pegar no sono logo, não acordar no meio da noite e ainda assim acordar cansada, mesmo não tendo consciência de nenhum despertar durante a noite.

Existe um fenômeno que é o microdespertar, ou seja, o seu cérebro acorda, mas você não percebe ou não lembra. Microdespertares fazem tanto mal quanto os despertares de que temos consciência e dos quais lembramos; eles afetam a nossa arquitetura do sono e passamos a não ter o sono profundo, reparador. Por isso, pode-se acordar cansado, como se não se tivesse dormido.

Os microdespertares ocorrem por dois motivos principais: pela apnéia do sono ou pelo movimento anormal de pernas durante a noite. São duas coisas que atrapalham tremendamente o sono e podem estar relacionadas com as dores de cabeça. Mas de que maneira?

Apnéia do sono

A síndrome da apnéia do sono é causada, na maioria das vezes, por aumento de peso, por obstrução das vias aéreas – além de obstrutiva, pode ser central, por causa do comando cerebral da respiração; por vezes elas estão até juntas. Quando se está acima do peso, ao deitar, a musculatura da boca, língua e pálato relaxam, e as estruturas do pescoço apertam a passagem de ar pela garganta. O ar entra com mais dificuldade, as estruturas vibram e por isso se escuta o ronco. As pausas respiratórias podem ser de até um minuto!

É fácil suspeitar da apnéia do sono. Ronco noturno, com cansaço e sonolência de dia: se a pessoa está acima de peso, pode apostar, tem apnéia. Para detectá-la é necessário fazer a polissonografia (ver capítulo 2, "Exames úteis e inúteis"). O diagnóstico de apnéia do sono é fundamental porque ela por si só é fator de risco para isquemias cerebrais e infarto e causa hipertensão arterial e outras doenças.

‖

A dor de cabeça relacionada à apnéia do sono pode ser noturna, quando se desperta de madrugada com cefaléia, ou quando se acorda de manhã já com dor de cabeça. A dor, em geral, é de curta duração, em torno de uma hora, e depois passa. O problema é quando junto com a apnéia do sono ocorre a enxaqueca, que passa a ser um fator agravante.

Mesmo que a dor não aconteça só pela manhã, a privação de sono gerada pela apnéia faz com que o organismo não tenha tido o repouso de que precisava para restabelecer o seu sistema de analgesia interno e a pessoa passa a ter gradualmente uma cefaléia crônica. Esse fenômeno ocorre também com outras doenças de sono, como a síndrome das pernas inquietas e movimentos periódicos noturnos.

Ritmos biológicos

Uma situação das mais relevantes para a integridade do sono é o seu ritmo. O nosso corpo tem horário para tudo, para deitar, dormir, acordar, almoçar, jantar, evacuar, e todos esses horários têm um motivo; eles têm a ver com a adaptação do ser humano com o meio ambiente. Por isso temos um relógio biológico e qualquer atraso ou alteração nesse relógio nos faz sofrer. Um exemplo simples: qualquer um de nós, uns mais que outros, sente o fuso de uma hora quando entra ou sai do horário de verão. Parece pouco, e realmente o organismo se adapta, mas quem é muito sensível pode até ficar doente. E o sofredor de enxaqueca é sensível às variações de ritmo, ainda que de apenas uma hora. Os ritmos biológicos são tão importantes que existe uma área da ciência dedicada somente a esse tema, a cronobiologia.

Quando trabalhava nos Estados Unidos, na clínica de cefaléia da Thomas Jefferson University, fiz um projeto de pesquisa em grupo no qual pudemos avaliar 200 pacientes com enxaqueca. Nele observamos que a metade dos pacientes tinham suas dores agravadas pela mudança dos horários, do ritmo biológico. Esses números são assustadores – um dos motivos para o meu interesse em estudar a cronobiologia e sua participação nas cefaléias.

Síndrome das pernas inquietas

A síndrome das pernas inquietas é um problema muito comum de sono, afetando cerca de 10% das pessoas com mais de 65 anos. Sente-se um incômodo nas pernas, não chega a ser dor, mas ocorre uma vontade irresistível de mexê-las. Pode ocorrer também nos braços.

Aparece ou piora à noite, ao se deitar, e desaparece com a movimentação. Esse sintoma causa grande dificuldade para dormir, tanto para adormecer quanto para permanecer dormindo.

Muitas pessoas com síndrome das pernas inquietas apresentam também os movimentos durante o sono, causando pequenos despertares não perceptíveis, mas que também não permitem um sono reparador, levando-as a acordar cansadas, ficarem sonolentas durante o dia, com irritabilidade e dificuldade para se concentrar e queixas de falta de memória. Por causa da urgência em movimentar as pernas, longas viagens e atividades de lazer são quase impossíveis.

Existe tratamento para essa síndrome. O primeiro passo, na verdade, é o diagnóstico. Uma deficiência de ferro pode estar associada e, se for detectada, um suplemento de ferro pode resolver o problema. Alto consumo de café e exagero nas bebidas alcoólicas devem ser evitados. Massagens, medidas para relaxamento, banhos quentes podem ser benéficos, mas, dependendo da intensidade, podem-se usar remédios.

O tratamento medicamentoso é uma prática interessante, porque uma das primeiras escolhas é o uso de agonistas dopaminérgicos, remédios usados para tratamento da Doença de Parkinson, apesar de a síndrome das pernas inquietas não ser uma forma de parkinsonismo. Sedativos, medicações para dor e anticonvulsivantes também são úteis.

Tontura

Tontura é uma das queixas de saúde mais freqüentes do ser humano. Como as dores de cabeça, as tonturas ocupam vários consultórios de diversas especialidades.

No entanto, ao contrário da dor de cabeça, cujo nome deixa bem claro o que quer dizer, a tontura carrega consigo uma dificuldade de definição. Tontura quer dizer sensação rotatória, mas pode significar escurecimento visual, desmaio, crises convulsivas, baixa de pressão, sensação de cabeça leve. Não só o público leigo mas também os médicos sofrem com a indefinição da tontura, que é um dos maiores desafios clínicos na prática médica.

A sensação rotatória de tontura, que chamamos de vertigem, está muito associada com a crise de enxaqueca, junto com náuseas, vômitos, incômodo com luz e barulho, irritabilidade. A tontura pode estar presente em até metade das crises de enxaqueca. Além disso, crises labirínticas podem ocorrer em quem tem enxaqueca com mais freqüência que o esperado.

A sensação de cabeça leve pode ser até mais freqüente na enxaqueca do que a sensação vertiginosa, de tontura rotatória. Não devemos confundir, a queixa de tontura é a mesma, depende de como o paciente relata os seus próprios sintomas. Como sensações na cabeça podem ser sintomas físicos de quadros de ansiedade, uma interação ocorre com estes três fatores (ansiedade, dor e tontura), e podem ser todos originados de uma mesma causa, por exemplo a sobrecarga, o estresse.

Em 2005, Joseph Furman, pesquisador e médico otorrinolaringologista, e sua equipe da Universidade de Pittsburg, nos Estados Unidos, descreveu a MARD (Migraine-anxiety related dizziness) – em português, "tontura relacionada à enxaqueca e à ansiedade". A figura a seguir demonstra como é essa relação.

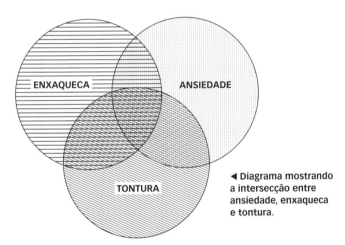

◄ Diagrama mostrando a intersecção entre ansiedade, enxaqueca e tontura.

Uso excessivo de analgésicos

Este é um capítulo muito importante no mundo das cefaléias. Há um intenso debate sobre a influência dos analgésicos na evolução e progressão das enxaquecas. Os pacientes mais difíceis são aqueles que apresentam dor de cabeça todos os dias. Infelizmente esse grupo não é raro; na população geral, podemos ver até 5% das pessoas vivendo mais dias com dor do que sem ela em um mês. Se você tem dor de cabeça, você quer tomar um analgésico, isso é claro e óbvio. Então quem tem dor diária ou quase diária toma muito analgésico, não tem como escapar.

Só que essa questão não é tão simples como parece. Há relatos do que chamamos de "transformação" da enxaqueca, a dor de cabeça vai piorando progressivamente e evolui: uma dor que aparece de vez em quando, aos poucos vai ficando mais e mais freqüente, até se tornar diária. Um dos fatores a que atribuímos isso é exatamente o uso excessivo de analgésicos, ou seja, a dor passa a ser diária *por causa* do uso constante deles.

De fato, os analgésicos bagunçam o sistema endógeno de analgesia – eles afetam a sua produção própria de analgésicos e o organismo fica como se não tivesse defesa para combater a dor com as próprias "armas", causando então a cefaléia rebote.

No meu entendimento, é mais lógico que outros fatores sejam responsáveis pela transformação e tenham maior importância que a simples ingestão de analgésicos. Faz mais sentido, para mim, que algo a mais esteja ocorrendo que leve à ingestão excessiva de medicações e à transformação da cefaléia de episódica para crônica e diária.

Vamos começar do seguinte ponto: quase todos os pacientes que têm dor diariamente usam excessivamente analgésicos; no mínimo 70% dos que têm dor preenchem os critérios para uso excessivo de medicação para as crises.

Na minha experiência e observação dos pacientes que venho tratando desde o início da minha carreira, um padrão de comportamento me chamou a atenção. Os pacientes, em geral, associam à enxaqueca o alto grau de exigência, a frustração e a antecipação e preocupação. Chamou-me atenção também o alto grau de fobias que os pacientes relatam. Comecei a perguntar se eles viviam o medo de ter dor de cabeça, se eles antecipavam a expectativa de que a dor não passaria ou que poderia piorar, e a resposta foi positiva em um grande número de pacientes. Surgiu, então, a teoria de que os pacientes teriam um grau alto de ansiedade e configurariam o que chamamos de *cephalalgiaphobia*, o medo de ter dor de cabeça. Por isso, estariam tomando analgésicos demais, mais precocemente, e aí, sim, cronificando a dor de cabeça, que passa a ser de freqüência diária e eventualmente refratária. Então a cefaléia rebote devido ao uso excessivo de analgésicos não estaria sozinha, e sim associada à ansiedade e medo de ter dor, potencializando os efeitos nocivos na cefaléia, gerando ainda mais o uso de analgésicos e piorando a evolução do paciente.

Forame oval patente

É hoje um dos temas mais modernos e mais misteriosos da área das cefaléias. O forame oval patente (ou FOP) está começando a ser estudado com mais profundidade.

O FOP é uma comunicação entre os átrios, duas câmaras cardíacas, esquerda e direita, pelas quais, por não receber oxigenação do sangue pelo pulmão durante a gestação, não precisa circular sangue (O nenê na barriga da mãe não respira pelo pulmão, a mãe supre o oxigênio pelo sangue que vem pela placenta). Em algumas pessoas, ao nascer, em vez de essa comunicação se fechar, ela continua aberta.

Na figura abaixo, observa-se, no coração, como se configura a passagem da circulação da direita para esquerda. Em resumo, o cérebro recebe sangue menos oxigenado, menos limpo, com mais gás carbônico e uma série de outras substâncias que podem desencadear (em um cérebro susceptível) crises de enxaqueca.

CIRCULAÇÃO

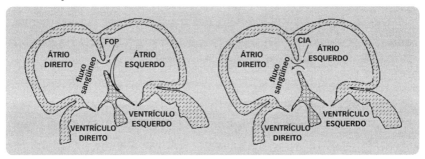

A história toda começou quando foi observado, em 1998, que o FOP estava presente em 40% de pacientes de enxaqueca com aura, cerca de três vezes mais do que em quem não tem enxaqueca. Outras pesquisas confirmaram esses mesmos números, porém com ainda maior porcentagem: um estudo feito na Inglaterra mostrou que 60% dos pacientes enxaquecosos tinham FOP.

Observou-se que 50% daqueles que tiveram de fechar o FOP por motivos cardiológicos e que, por acaso, tinham também enxaqueca, após a cirurgia, ficaram sem dor de cabeça, um terço deles teve melhora significativa e um quinto não modificou em nada as dores.

Um estudo atual, comparando o fechamento do FOP *versus* o mesmo procedimento de cateterismo, porém sem fechar o forame, mostrou que a resolução completa das crises não foi diferente nos dois grupos; ou seja, não está aqui a cura da enxaqueca. Outros três estudos estão em andamento e em breve saberemos se há algum aumento na porcentagem de melhora da enxaqueca.

Não mudamos tudo o que sabemos sobre a enxaqueca por causa do forame oval patente, ou seja, a enxaqueca continua sendo uma doença multifatorial, com base genética, com influência do ambiente, dos hormônios, do estado mental à qual, de algum modo que saberemos com maior precisão no futuro, o FOP pode estar ligado.

Problemas de memória

É com freqüência que não só os pacientes com enxaqueca mas as pessoas em geral se queixam de problemas de memória. A própria dor pode causar uma dificuldade de concentração e gerar esquecimentos. Vamos entender como funciona a memória e por que ela fica afetada na pessoa que sofre de dor de cabeça.

A memória é uma ferramenta essencial para a sobrevida dos seres vivos e com ela aprendemos e evoluímos. A memória pode ser de curto prazo, para fatos recentes, ou de longo prazo, para acontecimentos antigos. Sempre ouvimos o termo memória seletiva; a memória é como um disquete de computador, tem uma capacidade limitada de armazenamento. Então é preciso escolher o que é útil para guardar na memória e avaliar o que for inútil para não desperdiçar espaço.

A memória tem de ser seletiva mesmo, mas como determinamos o que deve ou não ser guardado? O organismo é sábio, aquilo que é fundamental para a sobrevivência guardamos lá no fundo e não esquecemos, por isso determinados comportamentos instintivos são difíceis de ser modificados. Quando identificamos alguma ameaça, essa informação entra com prioridade na memória. Identificamos tudo como ameaça quando temos preocupações excessivas, sobrecargas, antecipação exagerada de acontecimentos, expectativa apreensiva, tensão... Não há espaço para tudo! Dessa forma, alguma coisa vai ser perdida e conseqüentemente notamos as falhas de memória.

Vamos usar o modelo do guarda-roupa. A memória é como um armário, tem um espaço limitado, cabem roupas que usamos, cabem roupas que não usamos, mas, se elas não estão dobradas e separadas de uma maneira organizada, quando você quiser pegar uma peça para usar, não acha! Não se lembra!

Então, se a quantidade de roupa é grande (ou realizar muitas tarefas ao mesmo tempo), se elas estão desorganizadas (preocupação excessiva), fica difícil guardar uma outra roupa neste armário e encontrá-la para usar (gravar e, depois, buscar a informação desejada). Outro ponto importante é o ânimo, a vontade, o interesse. Se o fato é relevante e é do seu interesse, você consegue gravar com mais facilidade; se você está desanimado, deprimido, a atenção e a concentração são menores e, portanto, o poder de fixação também é baixo.

Capítulo 5

Religiosidade, espiritualidade e dor

CHACH BEROSHO, YAASOK BATORA
Se estiver com dor de cabeça, leia a Torá.
DITADO JUDAICO

A DOR É UM DOS SINTOMAS FÍSICOS MAIS FRE-QÜENTEMENTE RELATADOS POR PACIENTES, causando uma importante redução na qualidade de vida do indivíduo. A dor é uma experiência desagradável, sensitiva e emocional, associada à lesão real ou potencial dos tecidos e ela pode ser aguda ou crônica. A dor é tida como o quinto sinal vital, ou seja, depois de temperatura, pressão arterial, batimentos cardíacos e freqüência respiratória, o estado livre de dor é considerado algo vital pela Organização Mundial da Saúde.

Dor crônica é definida como toda aquela com duração superior a seis meses, persistente ou intermitente. No Brasil, estima-se que cerca de 50 milhões de pessoas padecem de algum tipo de dor crônica, que é o principal motivo de procura por assistência médica, sendo considerado hoje um grave problema de saúde pública.

Pacientes com dor crônica são difíceis de tratar. O bem-estar físico e emocional, assim como as relações sociais, familiares e de trabalho são extremamente afetadas. A experiência da dor é mais bem compreendida se uma construção multidimensional, incluindo aspectos físicos, biológicos, sociais, psicológicos e espirituais for considerada. Emoções negativas e situações como a depressão e a ansiedade relacionam-se também com a piora na percepção da dor. As cefaléias primárias ou secundárias fazem parte do grupo das dores crônicas e muitos dos conceitos aplicados às dores crônicas também valem para as cefaléias.

A visão existencial da experiência da dor é, ao meu ver, um dos pontos fundamentais para o entendimento e o correto tratamento das cefaléias. Por isso, um dos maiores desafios na minha vida cotidiana de tratamento de síndromes dolorosas é a integração da espiritualidade e religiosidade na prática médica.

Desde o início da década de 1980, estudos médicos se direcionam para uma visão mais abrangente do modelo de atendimento na área da saúde, dando mais importância aos fatores ambientais e psicossociais. A medicina moderna encontra-se em fase de transição e está à procura de novas fronteiras e caminhos para a evolução do conhecimento. O direcionamento científico da medicina aprofunda-se nas áreas da biologia molecular, genética, farmacoterapia, mas também há reconhecida tendência para o estudo da espiritualidade. Revistas de alto impacto científico abrem espaço para artigos relacionados a este tema, tais como *The Lancet*, *New England Journal of Medicine*, *British Medical Journal*, *American Journal of Psychiatry*, *JAMA*, entre dezenas de outras.

||

Pacientes querem ser tratados como pessoas e não como doenças, e querem ser observados como um todo, incluindo o aspecto físico, emocional, social e espiritual. Ignorar qualquer uma dessas dimensões torna a abordagem do paciente incompleta.

Embora dois terços das escolas médicas americanas tenham criado, em 2001, cursos obrigatórios ou eletivos sobre religião, espiritualidade e medicina, poucos médicos, ainda hoje, percebem as necessidades espirituais dos pacientes. Até mesmo nas áreas mais religiosas dos Estados Unidos, menos de um terço dos médicos perguntam sobre a religiosidade dos pacientes e menos que um dentre dez médicos levam em conta a história espiritual. Muitos deles dizem que se sentem desconfortáveis ao falar sobre assuntos religiosos com seus pacientes ou que não têm tempo para lidar com isso. Outros não vêem assuntos espirituais como parte de seu trabalho, não entendem por que deveriam ser, não sabem como ou quando fazer a abordagem e nem mesmo conseguem imaginar quais resultados teriam se fizessem ligações entre dor e religião.

Em pesquisa feita com a população geral dos Estados Unidos, as crenças e o comportamento religioso foram estudados e revelaram que 95% das pessoas acreditam em Deus, 77% acreditam que os médicos devem considerar as crenças espirituais, 73% acreditam que devem compartilhar as suas crenças religiosas com o médico, 66% manifestaram interesse em que o médico pergunte sobre sua espiritualidade. O fato é que apenas 10% dos pacientes relataram que os médicos discutiram a espiritualidade com eles.

Com relação aos médicos, na mesma pesquisa, 95% acreditam em Deus, 77% acreditam que os pacientes devem relatar suas crenças para a equipe médica, 96% acreditam que o bem-estar espiritual é importante para a saúde, porém apenas 11% abordam com freqüência as questões religiosas, sendo que as principais barreiras para a falta de avaliação espiritual foram: **71% FALTA DE TEMPO, 59% FALTA DE TREINAMENTO PARA ABORDAR ESSAS QUESTÕES E 56% DIFICULDADE EM IDENTIFICAR PACIENTES QUE QUEIRAM DISCUTIR O ASSUNTO.**

Um dos maiores nomes no estudo da espiritualidade e saúde, o médico Harold Koenig, do Centro de Estudos de Espiritualidade da DUKE University, apresenta cinco razões pelas quais os médicos deveriam levar a espiritualidade em consideração: a) crenças religiosas e necessidades espirituais são comuns entre os pacientes e têm funções distintas; b) crenças religiosas influenciam as decisões médicas; c) há uma relação entre religião e saúde física e mental; d) muitos pacientes gostariam de conversar com seus médicos sobre esses assuntos e e) há uma história precedente para fazê-lo. Essas cinco razões também apontam para a necessidade do treinamento médico nessa área.

Muitos estudos examinaram a relação da religiosidade/espiritualidade e diversos aspectos da saúde mental; a maioria deles apontou melhores indicadores de saúde mental e adaptação ao estresse em pessoas que praticam atividades religiosas. Outros estudos mostram que pessoas engajadas em práticas religiosas ou espirituais são fisicamente mais saudáveis, têm estilo de vida mais equilibrado e usam menos serviços de saúde. O impacto do benefício da atividade religiosa na saúde chega a ser comparado com o parar de fumar e poderia até mesmo adicionar de 7 a 14 anos a mais de vida. Esse impacto também se dá economicamente, pois a prática espiritual é isenta de custos e seus benefícios resultam em menos gastos hospitalares, medicamentos e exames. No entanto, a prática religiosa não deve substituir a prática médica.

Na história da medicina, em muitos momentos, ocorria uma interação mais forte entre saúde, tratamentos e religiosidade. Ainda hoje há culturas em que o líder espiritual é o líder de assistência à saúde, como nas culturas xamanistas, ou entre os índios: o pajé é o conselheiro espiritual e agente de saúde de primeira referência; ele é, ao mesmo tempo, o médico e o pastor, padre ou rabino para compararmos com as culturas mais próximas de nós.

A medicina moderna se distanciou dessa interação e agora vemos absoluta necessidade de reintegração. Se a espiritualidade e religiosidade do paciente interfere na saúde dele, na evolução de doenças, mortalidade e até no custo ao sistema de saúde, não há mais como negar a importância desse fator.

Existem outros exemplos históricos da associação medicina–religião. No judaísmo, as recomendações religiosas também interferiram na integridade física dos seguidores, como a proibição da ingestão de carne de porco e com a obrigatoriedade da circuncisão; o primeiro leva a níveis de lipídios menos nocivos e o outro, à melhor higiene da região peniana. A medicina tibetana, mesmo após o extermínio cultural ocorrido depois da invasão chinesa no Tibet, ainda sobrevive. Preceitos budistas estão inseridos nas recomendações médicas, até mesmo a astrologia entra no contexto médico tibetano. Na Idade Média, a figura do médico era totalmente ligada ao sistema católico da época. Esse paradigma foi rompido após a Revolução Francesa, o que levou a um grande avanço da medicina, pois a influência religiosa estava mais ligada ao poder do que à real preocupação espiritual, o que impedia o avanço do conhecimento médico.

Continuamos livres das "amarras" da religiosidade medieval, mas também estamos separados dos conceitos de espiritualidade e religiosidade mais modernos, que, mesmo com seus "efeitos colaterais", representam outro estado evolutivo cultural. O momento atual é de uma busca racional de integração corpo e mente, saúde e religiosidade, saúde e espiritualidade.

Várias questões relacionadas à introdução de conceitos de espiritualidade e religiosidade na medicina devem ser também consideradas. Embora existam estudos para algumas doenças, faltam outros que evidenciem o benefício da espiritualidade em doenças específicas, e isso nunca foi estudado. A atividade religiosa procurada pelo próprio indivíduo pode ser substancialmente diferente daquela indicada pelo médico.

Uma ação no sentido de reduzir o tabagismo, para aumentar o nível de exercício físico ou uma orientação dietética devem ser comparadas com a orientação de procura por uma atividade religiosa, e o seu custo-benefício deve ser calculado.

Pessoas casadas têm melhores indicadores de saúde que solteiros, separados ou divorciados. Isso não significa que médicos orientam seus pacientes a se casar. Se a religiosidade se correlaciona com melhores índices de saúde, o raciocínio inverso – a doença estaria relacionada com pouca fé ou pouca atividade religiosa, dando a idéia de punição divina – pode ser feito, porém erroneamente.

A crença do paciente afeta o seu bem-estar. Em 2006, um estudo feito nos Estados Unidos com 1500 pessoas mostrou que aqueles que acreditavam na existência da vida após a morte tinham significativamente menos depressão e problemas com ansiedade, pânico e fobias. As pessoas, ao acreditarem em algo maior, em uma perspectiva mais ampla da vida, conseguem dar novo significado aos seus problemas atuais de uma maneira mais fácil, considerando-os menores, menos intransponíveis.

Esse é, para mim, um dos estudos mais marcantes dos últimos tempos sobre religiosidade e saúde.

E quando a religião é prejudicial?

Há também riscos a serem considerados nesta área. Pensamentos negativos, gerando culpa, oriundos de uma determinada crença religiosa podem ocasionar mais sofrimento ao paciente, levando a uma sensação de abandono, desamparo e baixa auto-estima. Orientações religiosas podem fazer o indivíduo largar o tratamento médico tradicional e piorar o quadro clínico, embora a maioria das religiões não estimule a parada do tratamento médico. Mas o médico corre o risco de impor a sua prática religiosa ao paciente e causar uma quebra da relação médico–paciente.

Em religiões que admitem a presença do espírito, observamos, por sorte raramente, um fenômeno de atribuir todos os problemas a uma possessão espiritual, uma obsessão. Por isso, desconsidera-se a responsabilidade do próprio paciente no processo de tratamento, da necessidade de se tomar um medicamento, de parar de fumar, de perder peso ou fazer exercício, pois a doença é fruto de um "encosto", de um espírito, de um trabalho de magia; e tudo o que se tem a fazer é quebrar o "feitiço" para a cura aparecer.

É imprescindível para o médico aceitar essas crenças do paciente, ouvi-lo e orientá-lo para que a doença seja trabalhada dentro de seu sistema religioso. O problema é quando só o lado religioso é trabalhado esquecendo-se o restante.

Não é porque o paciente tem uma religião, tem uma crença espiritual, que está livre de doença e é imortal. Madre Teresa, Chico Xavier, o Papa..., qualquer líder espiritual padeceu de problemas de saúde e, no plano material, todos eram mortais. Mas o que fez certamente a diferença no sofrimento foi o tipo de visão que tinham e como enfrentaram seus problemas de saúde. O fato de alguém ter a dimensão espiritual/religiosa equilibrada favorece o processo de recuperação da saúde, porém depende de como a pessoa utiliza a ferramenta religiosa. A prece por exemplo, pode ser tranqüilizante ou pode ser ansiogênica, exaltada, chorosa, melancólica – e assim, não trazer todo o benefício que poderia.

Uma história real

Lembro-me de uma situação real, que hoje consigo relembrar com bom humor, mas que foi um episódio de impacto considerável na minha vida. Estava entrando em uma agência bancária e, quando apertei o botão para retirar a senha, escutei uma voz baixa falar sussurrando:

– O banco está sendo assaltado, senta!

Não entendi o começo da frase que a mulher falou, só entendi o "senta", não percebi de pronto que era um assalto. Achei meio estranho, mas sentei mesmo assim. Com um movimento quase instintivo, automático, peguei o celular e já ia fazendo uma ligação quando um rapaz esbravejou:

– O que você está fazendo aí? Desliga esse celular!

Puxou o aparelho da minha mão e, para minha surpresa, tirou só o *chip* e devolveu o aparelho, dizendo que queriam o dinheiro do banco e não iam machucar ninguém. O assalto durou uns 40 minutos, o cofre do banco não destravava e a agência começava a ficar cheia de gente, pessoas chorando, outras passando mal. Eu pensava em minha família, no que era importante na minha vida, no que não era, na possibilidade de o assalto não terminar bem.

Em certo momento, os ladrões já tensos com a demora (e nós, vítimas, talvez muito mais), um dos assaltantes disse:

– Sangue de Jesus tem poder! Opera no meu coração e faz este cofre abrir, pelo amor de Deus!

Fiquei impressionado. Era um assalto, amparado por uma oração a Deus. Isso quer dizer, afinal, que a oração, um instrumento que pode ser valioso e poderoso para tranqüilizar um paciente, pode ser usado com outros propósitos que não esse, inclusive num assalto.

O que deve ser feito então?

Qual o papel do médico nas orientações ao paciente? O American College of Physicians, nos Estados Unidos, publicou um estudo sobre as questões que o médico deve abordar com o paciente em estado grave:

1. A fé (religião, espiritualidade) é importante para você no decorrer desta doença?
2. A fé (religião, espiritualidade) já foi importante em outras épocas da sua vida?
3. Você tem alguém para discutir questões religiosas?
4. Você gostaria de explorar as questões religiosas com alguém?

O simples fato de o médico se mostrar preocupado com o aspecto espiritual do paciente deve melhorar a relação médico–paciente e, por conseguinte, melhorar o impacto das intervenções médicas realizadas.

Quais intervenções espirituais/religiosas podem ser utilizadas?

A reza ou prece é a mais universal e comum das intervenções. Quase 90% das mulheres e 85% dos homens fazem preces diárias e 80% deles o fazem com freqüência semanal. A meditação é outra opção, mais voltada para a consciência do corpo e relaxamento físico e mental. A leitura bíblica ou de outros textos religiosos pode servir de instrumento também. A psicoterapia baseada na linha transpessoal e/ou com enfoque existencial pode ser eficaz na ajuda ao paciente que procura resolver aspectos relacionados ao significado e propósito dele na vida. Além disso, o "passe" é intervenção comum em várias religiões, assim como a fluidoterapia, além de cirurgias espirituais. Ocorre também o toque terapêutico, o *reiki*, existem "curas" em cultos públicos ou encontros privados com curandeiros e outros mediadores. A imensa ausência de evidências científicas para cada uma dessas modalidades terapêuticas, porém, dificulta que as recomendemos ao paciente.

Se estudos mostram que as medidas de religiosidade/espiritualidade se comportam como fatores preditivos de bem-estar e suporte social em outras doenças crônicas, isso deve ocorrer também no âmbito do controle da dor. Um dos primeiros estudos em pacientes com dor foi feito em um tipo de anemia que causa crises de dor, a anemia falciforme. Segundo um dos estudos, os pacientes com níveis mais altos de religiosidade apresentaram controle maior da dor, mas não de sua intensidade. Outro estudo, também sobre a anemia falciforme, revelou que quem freqüentava a igreja mais de uma vez por semana tinha níveis de dor mais baixos.

Uma pesquisa comparando o efeito de tipos de meditação em diversas formas de dor revelou que o grupo que realizou meditação com envolvimento espiritual obteve menores níveis de ansiedade, melhor humor e duas vezes mais tolerância à dor. *Pensou-se então que quanto mais se rezasse menos dor apareceria*. De fato, parece mais lógico, mas quando foi estudada uma população de pessoas com dores musculares, observou-se que quem tinha mais dor era quem mais rezava, ou seja: os pacientes em estado doloroso mais agudo tinham maior probabilidade de se engajar às práticas religiosas como meio de enfrentar o problema.

De qualquer forma, é de grande importância para a melhora na qualidade de vida de pacientes com dor crônica a integração da espiritualidade, fé e religiosidade no atendimento médico.

Futuras pesquisas na área são necessárias para mostrar tal associação com mais detalhes e também para haver melhor compreensão de *quando* e *como* utilizar a religiosidade e espiritualidade no manejo da dor. Em última análise, a espiritualidade e religiosidade do paciente o ajudam a conviver com a experiência dolorosa, a compreender o significado do sofrimento – e são um caminho para *entender o que a dor quer com você*.

Capítulo 6

Tratamento: o que fazer para melhorar

"(...)
Devia ter complicado menos, trabalhado menos
Ter visto o sol se pôr ...

Devia ter me importado menos
Com problemas pequenos, ter morrido de amor...

Queria ter aceitado a vida como ela é (as pessoas como elas são)
Cada um sabe a alegria e a dor que traz no coração"
EPITÁFIO – TITÃS

PARA TODO SOFREDOR DE DOR DE CABEÇA, O QUE MAIS INTERESSA É SABER O QUE FAZER PARA MELHORAR, que opções de tratamento são possíveis. Assim, talvez essa seja a parte preferida dos leitores. Mas pode ocorrer aqui um engano, pois o primeiro passo para um tratamento eficaz será *o bom entendimento do problema*. Ou seja, saber bem como acontecem e por que aparecem as dores de cabeça.

Então se você se está desesperado, à procura de alívio para as dores, e veio direto para esta parte, tendo pulado os outros, este capítulo pode não fazer sentido nenhum –, ou seja, os que o antecedem precisam ser lidos e entendidos. Isso porque farei referências a diversos itens antes abordados, já que cada um deles tem uma implicação no tratamento.

Os tratamentos mais modernos para as dores de cabeça hoje em dia levam em consideração dois aspectos. O tratamento médico não é só medicamentoso (este é um erro comum). Definimos, então, os tratamentos em dois blocos distintos, que muitas vezes atuam e são recomendados simultaneamente, o tratamento farmacológico ou medicamentoso, e o tratamento não-farmacológico ou não-medicamentoso.

Muitos pacientes preferem esgotar todos os tratamentos não-medicamentosos possíveis para enxaqueca antes de iniciar um tratamento com remédios. Alguns até radicalizam e só aceitam a medicação quando a dor está tão insuportável que não há mais como esperar os resultados (que podem mesmo ser mais lentos que o tratamento com remédios).

Outros pacientes gostam de mesclar o tratamento medicamentoso com o não-medicamentoso e, nesses casos, os resultados costumam ser melhores.

Mas há também pacientes que só querem ser tratados com remédios – e mais, querem respostas rápidas ou milagrosas. Isso é uma radicalização excessiva.

Há, porém, outro eixo do tratamento que deve ser considerado, um conceito já colocado anteriormente: o tratamento preventivo, tratamento para evitar que a dor de cabeça apareça, para espaçar as crises ou diminuir a intensidade e duração delas. Mas, quando o tanque transborda, temos de ter um bom esquema para enxugar a água transbordada; quer dizer, temos de estruturar um bom tratamento agudo ou abortivo.

O começo de tudo é o diagnóstico correto, como dissemos no começo deste livro. Será que é mesmo uma enxaqueca ou a dor de cabeça está vindo porque alguma outra doença está por trás? Será que é alguma outra cefaléia? Depois de feito o diagnóstico, é importante saber como a enxaqueca aparece, o que desencadeia, qual a intensidade, em que hora do dia ocorre, em que dias da semana, em que período do mês, se há relação, para a mulher, com o ciclo menstrual, após que tipo de atividades, que remédios ajudam, que eventos fazem piorar a dor; e nada melhor para entender esses aspectos que um bom preenchimento do "diário da dor".

O diário da dor

Como já vimos, o diário é um dos procedimentos mais importantes no início do processo de tratamento. Ele representa um registro objetivo e fiel dos sintomas, uma quantificação necessária para a avaliação do tratamento. A memória da dor é muito traiçoeira, assim, apenas a lembrança pura e simples, sem uma anotação dos dias em que a dor apareceu, sua duração e intensidade, pode não representar a realidade. Por isso, insistimos no diário da dor como grande aliado do tratamento.

Em estudos clínicos, os que nos mostram como e quanto funcionam os remédios, o tratamento começa apenas depois de um *baseline*, ou seja, um mês de observação para então definir o padrão de ocorrência das crises, instensidade, duração e freqüência.

No dia-a-dia, nós, médicos, acabamos não fazendo isso, pois admitimos a variação que pode ocorrer entre a lembrança do paciente e o que está ocorrendo objetivamente e já iniciamos o tratamento. De qualquer forma, a observação e anotação das crises deve acontecer. A seguir, dou um exemplo do diário de que mais gosto e que oriento aos pacientes.

Nesse formato, numa folha de papel sulfite normal cabem dois meses inteiros. Dividimos o dia em 4 partes, em colunas que representam manhã, tarde, noite, madrugada, e outras colunas para anotações de sono, fatores desencadeantes, dias da menstruação e remédios tomados. Na primeira coluna, colocam-se os dias de semana e finais de semana, incluindo feriados. As crises são anotadas, baseadas na sua intensidade de x a xxxxx, sendo x a dor fraca e xxxxx a dor mais intensa possível, em cada célula da planilha, de acordo com o período do dia que a dor aconteceu. Veja o exemplo.

Diário da Dor

Use esta tabela para anotar as ocorrências da dor

DATA	PERÍODO				SONO	Medicações/Resultado	Fatores Desencadeantes	Fenomenos associados
	MANHÃ	TARDE	NOITE	MADRUGADA		Excelente, bom, regular, ausente	Menstruação, stress, jejum, sono	Náusea, vômitos, aura
1								
2	(X)	(X)(X)	(X)(X)(X)			analgésico 1		
3	(X)(X)	(X)(X)(X)	(X)(X)(X)(X)(X)	(X)(X)		antiinflamatório 2		
4	(X)(X)(X)	(X)(X)(X)	(X)(X)			triptano	menstruação	
5							menstruação	
6							menstruação	náusea
7							menstruação	
8								
9								
10					I			
11	(X)(X)(X)	(X)(X)				triptano **BOA RESPOSTA**		
12								
13								
14						álcool	sono	
15	(X)(X)(X)(X)	(X)(X)(X)(X)	(X)(X)					
16								
17								
18								
19								
20	(A)	(A)	(A)(A)				stress	aura
21	(A)(A)	(A)(A)	(A)(A)				stress	
22	(A)(A)	(A)(A)	(A)(A)					
23	(A)	(A)	(A)		I			
24	(A)(A)(A)	(A)(A)(A)	(A)(A)(A)		I			
25	(X)(X)(X)(X), (A)(A)(A)	(X)(X)(X)(X), (A)(A)(A)	(X)(X)(X)(X), (A)(A)(A)	(X)(X)	I	analgésico 1		
26	(X)(X)(X)(X)(X), (A)(A)(A)	(X)(X)(X)(X)(X)(X), (A)(A)(A)	(X)(X)(X)(X), (A)(A)(A)		I	antiinflamatório 2		
27	(X)(X)(X)(X)(X), (A)(A)	(X)(X)(X)(X), (A)(A)	(X)(X)(X), (A)(A)			triptano **SEM RESPOSTA**		
28	(X)(X), (A)	(X)						
29								
30								
31								

(X) ATÉ (X)(X)(X) » **INTENSIDADE DA DOR**   (A) ATÉ (A)(A)(A) » **NÍVEIS DE ANSIEDADE**

Outros formatos de diário podem ser utlizados; o mais importante é a adesão e a vontade do paciente. Se você estiver mais à vontade com algum outro modo de anotar as crises, tudo bem, está valendo. Para tratamentos prolongados, um diário anual também é interessante porque saberemos a influência dos tratamentos, épocas do ano, eventos da vida.

Para aspectos especiais como o sono ou flutuações do humor ou ansiedade, alguns formatos são mais apropriados, como, por exemplo, o diário de cefaléia e dor que criamos para a anotação concomitante da dor e dos dados sobre o sono.

Ansiedade, humor e dor

Uma das combinações mais válidas de aspectos para serem avaliados é a de se juntar no mesmo diário os dados referentes à ansiedade, ao humor e à dor. O estresse é um dos fatores desencadeantes mais comuns de dores de cabeça. O fato é que incluímos tudo na vala comum do estresse, mas a realidade é muito mais complexa do que apenas essa palavra. É um somatório de características que vão desde a personalidade do indivíduo até os acontecimentos do ambiente. Adiante, vamos falar de terminologias mais adequadas para isso: no componente emocional, no componente psíquico ou comportamental.

Dois eixos são fundamentais para avaliarmos os deflagadores de natureza emocional, o do humor e o da ansiedade. Humor quer dizer uma série de coisas: reflete o ânimo, a vontade para fazer as coisas, o prazer, a alegria, entusiasmo, boa capacidade de pensamento. Quando o humor não está bem, ocorre a depressão, que é a doença da falta do humor. Os europeus usam outra designação, chamam de doença afetiva, em vez de doença de humor; na verdade, são chamadas tecnicamente de "transtornos" e não doenças.

Com a depressão, surgem o mau humor, a irritabilidade, a impaciência. Acontece também um fato extremamente relevante: a oscilação desse humor, altos e baixos que todo o ser humano tem, mas à qual o enxaquecoso tem mais susceptibilidade. Será que essas oscilações são causa ou conseqüência?

Existe ainda um terceiro problema que leva à oscilação do humor e enxaqueca? Ansiedade, preocupação, antecipação, tensão, expectativa apreensiva. Você se reconheceu em alguma dessas palavras? Será você um ansioso? A resposta da esmagadora maioria dos meus pacientes (em todos os locais em que trabalhei, em todas as culturas e esferas sociais que conheço) é "sim".

Para avaliar o âmbito psíquico, é importante saber como estão os eixos da ansiedade e depressão. Então, o preenchimento do diário, acrescido desses dois aspectos, torna-se ferramenta mais poderosa para o próprio entendimento da dor e de onde ela vem. O preenchimento do diário pelo próprio paciente já pode ser terapêutico, pois ele enxerga como e quando os desencadeantes emocionais afetam suas crises e abre uma porta para sua melhora.

Dicas de preenchimento

Normalmente peço para o paciente preencher o diário conforme explicado anteriormente, com intesidade da dor de x a xxxxx, mas peço também para colocar o humor com uma variação de – a – – –, quando o humor está para baixo, e + a +++, quando o humor está para cima. Então a escala vai de – – – a +++; dessa forma, poderemos ver muitas coisas: o estado de depressão, duração, freqüência e intensidade, além das variações, das oscilações e a relação que têm com a dor.

Alguns pacientes verificaram coisas muito interessantes. Uma paciente percebeu que só ficava em +, no máximo ++, mas em nenhum momento da avaliação havia estado em +++, (que atribuiu para si como um estado de felicidade). Na primeira consulta eu havia perguntado se ela se considerava deprimida; ela disse que não, era casada, tinha filhos lindos, tinha um trabalho, fazia tudo o que uma pessoa normal fazia, mas passara 15 anos da sua vida tentando entender por que as dores de cabeça apareciam. A partir da experiência do diário, viu que o seu mundo era apenas + há muito tempo.

Ela entrou em prantos quando viu a inundação de + e os poucos respingos de ++, e a total escassez em sua vida de +++. Apesar de realmente achar que não tinha depressão (e realmente não tinha), não achava que a vida deveria ser vivida em torno de tão poucos ++ e nenhum +++ de alegria! Resultado: sua vida migrou em direção a aspectos mais saudáveis, mais voltada para o significado importante das coisas; ela colocou mais sentido na vida, com menos dor e mais felicidade.

Ou será que foi menos dor *porque* estava mais feliz? A dor era a chave para abrir a porta da sua felicidade? A dor existia nela porque ela precisava ser mais feliz? Era um alarme do seu próprio *self*, o organismo querendo lhe dizer "assim não está bom!"? Era alguém batendo à porta para que abrisse uma outra perspectiva na vida?

Outro paciente me apresentou um dado muito importante. As crises de dor apareciam quando estava deprimido mas também quando estava muito alegre, eufórico. Bastava ele entrar em +++, que vinha uma enxaqueca. Para +++, tinha arbitrado que seriam seus momentos eufóricos, quando se sentia bem, mas muito agitado, pensamentos borbulhando em seu cérebro, quando trabalhava até muito tarde, muito falante, dormindo pouco, pulando de um assunto para outro. Sofria do que chamamos de hipomania, um tipo de situação que ocorre no espectro bipolar, conforme já explicamos.

Perceber a ansiedade é também uma experiência importante. Para indicar a ansiedade no diário, podemos usar também um código, como, por exemplo, o A e atribuir a A, AA e AAA (3 níveis diferentes de ansiedade). É sempre bom seguir uma orientação bem definida do que significa cada uma das coisas para não nos perdermos na anotação. A seria uma ansiedade leve, facilmente controlada, muitas vezes até não percebida; AA já seria uma ansiedade que incomoda com mais intensidade, difícil de controlar e AAA uma ansiedade bastante alta, quando a pessoa não consegue se controlar.

Muitas respostas positivas emergem do diário. A teoria de que a percepção da ansiedade já a modifica é, para mim, uma grande verdade, líquida e certa. A pessoa quando se vê em "A", diz pra si mesma: "Não, não preciso estar com esta ansiedade, respiro fundo, dou uma relaxada e sigo". Aquele que seria um "A" no diário passa a ser um quadradinho vazio. Porém, para se chegar nesse nível de auto-controle é preciso treinamento, que é o que vamos comentar adiante.

Reestruturando o estilo de vida

O que mais me surpreende na humanidade são os homens. Perdem a saúde para juntar dinheiro, depois perdem dinheiro para recuperar a saúde. E por pensarem ansiosamente no futuro, esquecem do presente de tal forma que acabam por não viver nem o presente nem o futuro.

Dalai Lama

Então *o que a dor quer com você?* A resposta pode ser difícil para você me dar de "bate-pronto", mas posso ajudar...

Tudo o que o sistema de dor tem para lhe dizer pode ser reduzido a algo muito simples, a uma só palavra: reequilíbrio. A dor avisa que algo está errado, que há sobrecargas, que é preciso mudar alguma coisa; ela então é, na sua natureza, uma aliada, mas causa sofrimento, é claro – o que, de fato, se torna um paradoxo. Há outra palavrinha que é fundamental nessa história toda. Prioridade. Qual é a sua prioridade? A resposta correta é simples: seu bem-estar, sua saúde. Mas não é o que está acontecendo com as pessoas.

Vejo no meu dia-a-dia no consultório a reprise de um filme – que também me motivou a escrever este livro. As empresas não gostam nada desta informação, mas é a pura realidade. Você entra numa empresa, esforça-se, o ambiente é competitivo, então você acelera, acelera mais, trabalha mais e mais horas, felizmente cresce, ocupa mais funções, sobe de cargo, mas chega uma hora que confunde quem é prioritário: você ou o seu emprego?

É impressionante. À pergunta "Qual é a sua prioridade?" obtemos resposta oposta àquela que esperamos ouvir... O tempo não muda, o dia continua com as mesmas 24 horas, então acelerar de um lado implica deixar descoberto o outro; você vai sentir esse desgaste, esse desequilíbrio, o seu corpo vai revelar sintomas físicos, entre eles, advinhe: a dor.

Sintomas mentais também vão aparecer, cansaço, desânimo, ansiedade, irritabilidade, tensão, preocupação. Outro lado importante que vai sentir o desequilíbrio (provavelmente já está sentindo) é a sua família.

Reequilíbrio como?

Juntamos então estes dois conceitos, prioridade e reequilíbrio. Para atingir reequilíbrio é preciso pensar em duas forças básicas no organismo, a física e a mental.

Uma das modificações mais difíceis de serem feitas é a alteração do comportamento, é reestruturar o estilo de vida. Vejamos como isso pode ser feito, quais caminhos poderemos percorrer para chegarmos à resposta de *o que a dor quer com você?*

A lei dos quatro quadrantes

Existem algumas leis absolutas nesta vida: a certeza da morte, por exemplo; quando queremos viver sempre o "agora", estamos pensando nela, não acha? Mas existe outra coisa que é absoluta e imutável, o dia tem sempre 24 horas. Ocorre que o ser humano está sempre arrumando um jeito para aumentar as horas do dia. Impossível, perda de tempo. Esse é de fato um desgaste imenso! A energia que gastamos dia a dia na tentativa de fazer mais e mais coisas, de encaixar o excesso de informações, de atribuições da vida moderna é realmente absurda.

Existe um modelo bastante conhecido, utilizado para a melhor organização do nosso tempo, que é a tabela-modelo dos quatro quadrantes. Em um eixo colocamos a importância da ação e, no outro eixo, colocamos a urgência, como vemos neste gráfico:

TABELA DOS QUATRO QUADRANTES

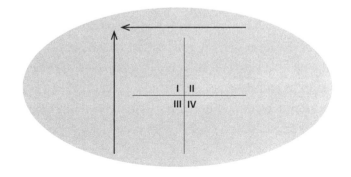

O que fazemos normalmente são as coisas pertencentes ao quadrante I, ou seja, as que são urgentes e importantes; porém, quando vamos realizar mais tarefas, acabamos nos concentrando naquelas que são urgentes, mas não importantes (o quadrante III) e deixamos de fazer aquelas do quadrante II, as que não são urgentes, mas são importantes, como cuidar do corpo, lazer, tempo com a família.

É surpreendente como fazemos coisas que não são nem urgentes nem importantes (quadrante IV), e nem percebemos. O fenômeno de migração do quandrante II para o III – quer dizer, focarmo-nos no que é urgente e não no que é importante –, é uma das grandes mazelas da humanidade, é a fonte para muitos problemas (senão todos!) de saúde, incluindo insônias, depressão, ansiedade, dores em geral, problemas digestivos, respiratórios, circulatórios.

De qualquer forma, a solução parece simples se olharmos sob este prisma: é só um movimento para ajustar esse desequilíbrio. Aliás, por mais distante que você esteja do equilíbrio, basta um passo na direção correta para estar de novo na rota! De fato é simples, os nossos problemas são mais simples do que enxergamos na maioria das vezes, mas acabamos nos complicando.

Vamos então ver quais métodos são possíveis para correção e adequação desse quadro.

Higiene do sono

A regularização do sono é fundamental para o equilíbrio do organismo. Como vimos, o dia tem só 24 horas e a necessidade de sono pode variar de pessoa para pessoa. Se você precisa de 8 horas de sono por dia para descansar, só sobraram 16 horas. Se tentar avançar sobres essas horas, o organismo não vai gostar, e adivinhe só como ele vai avisar que está sendo privado de sono? Acertou: com a dor de cabeça.

Vários hábitos podem dificultar o sono normal tais como: a) consumo elevado de café, álcool ou cigarro antes de dormir; b) variação muito grande nos horários de deitar e acordar; c) usar a cama para outras atividades que não o sono – assistir televisão, comer, leituras que exijam muita concentração, permanecer muito tempo deitado; d) atividades físicas perto da hora de dormir; e) ambiente do quarto desconfortável, colchão ruim, quarto abafado, muito iluminado, muito frio ou barulhento; f) atividades muito estimulantes intelectualmente ou emocionalmente – pensar em problemas do passado, conflitos do dia-a-dia, preocupar-se com possíveis acontecimentos ruins não ajudam o cérebro a promover o sono. Por essas razões, devemos evitar estados de raiva, ansiedade e pensamentos negativos perto da hora de dormir. Se você é religioso ou gosta de rezar, fazer preces pode ajudar.

Exercício físico

O sedentarismo, a falta de exercícios físicos na vida das pessoas, é o que mais encontro na minha prática médica diária. O ser humano foi feito para gastar energia dos músculos, mover os ossos, acelerar (e desacelerar) os batimentos cardíacos. Temos uma genética feita para fazer atividades físicas, para caçar, correr; não temos genética para a cadeira ou para o sofá – e aí, adivinhe novamente: aparecem as dores, também as de cabeça.

O exercício deve ser considerado um elemento crucial no tratamento das cefaléias, deve ser encarado como um medicamento, tomado com freqüência. O exercício físico tem uma série de vantagens quando comparado aos remédios, pois não possui efeitos colaterais (embora possa gerar lesões eventuais), não necessariamente custa caro e surte diversos efeitos positivos como bom humor, bem-estar, manutenção do peso, equilíbrio do metabolismo, da circulação e da respiração.

O exercício ideal é aquele de que você gosta! Vale dança de salão, ioga, tai-chi-chuan, caminhada, esteira, natação, hidroginástica. Mas, claro, cuidado para não sobrecarregar o organismo com exercícios que forçem demais a coluna cervical ou o pescoço.

Temos de ser realistas: não adianta também fazer menos que 3 vezes por semana, porém, o começo tem de ser devagar! Se a pessoa está sem tempo, antes de a orientarmos ao exercício físico, temos de achar um jeito para ela arrumar esse tempo; muitas vezes, devemos fazer uma escolha, alguma coisa vai ter de ficar de lado para a dedicação ao exercício físico.

Com essas orientações estamos cuidando do físico, mas há outro tópico fundamental que é o estado mental. Algumas atividades como ioga também lidam com o físico e o mental de uma maneira equilibrada. Há porém uma série de técnicas que podem ser utilizadas para controle da ansiedade, da tensão, ou do pessimismo.

Psicoterapias

> *O que perturba as pessoas não são as coisas em si,*
> *mas as suas interpretações sobre elas.*
> Epictetus, 60-117 d.C.

A psicoterapia é um método de tratamento com diversas abordagens e diferentes características de muitos tipos de doenças, não só de problemas mentais. Não se utiliza de nenhum aparelho ou medicamento, embora o seu tratamento seja freqüentemente feito associado a medicações. Diferente do aconselhamento, a psicoterapia tem como base uma teoria ou doutrina psicológica e a sua aplicação obedece a métodos bem estabelecidos.

Muitas vezes indicamos a psicoterapia como método aliado no tratamento preventivo das dores de cabeça. A abordagem cognitiva comportamental em geral é a mais indicada, mas várias outras linhas de abordagens podem ser utilizadas com sucesso. A terapia cognitiva comportamental (TCC) é mais estudada cientificamente, seu intuito é trabalhar a esfera mental.

Como não há estudos comparativos, é difícil saber qual é a melhor técnica; a grande maioria de pessoas que se beneficiam de uma terapia não estão fazendo nenhum tipo de abordagem, então realmente qualquer linha de abordagem seria melhor que nada. O problema é que muitas pessoas querem soluções fáceis, tratamentos que não dependam tanto do esforço do paciente. Cuidado: é aí que mora o perigo; se não for reformulada a receita daquele "bolo" da vida do paciente, as doses, tipos e tempo de uso dos remédios são muito maiores. Comentemos um pouco de cada uma das linhas de abordagens de psicoterapia.

Terapia cognitivo-comportamental

A terapia cognitivo-comportamental tem como meta ensinar o paciente a identificar e modificar pensamentos que são disfuncionais como os que descrevemos em capítulos anteriores. Ela parte da idéia de que a maneira como as pessoas interpretam suas experiências determina como elas se sentem e se comportam. Pensamentos automáticos podem influenciar uma emoção, como a ansiedade, além de sensações físicas como a tensão muscular e a dor. Nessa abordagem incluem-se técnicas de relaxamento, que podem ser muito úteis no controle da dor e da ansiedade.

A diminuição das crises é cientificamente comprovada em estudos clínicos. As sessões podem ocorrer uma ou mais vezes por semana. Um programa gira em torno de 10 a 15 sessões e pode ser repetido. Os resultados costumam ser rápidos mas não são imediatos – como, aliás, em qualquer método não-medicamentoso.

Psicanálise

A psicanálise procura revelar a motivação inconsciente dos pensamentos, emoções e atitudes das pessoas. A psicanálise, criada por Sigmund Freud, é a abordagem mais antiga e consagrada. Os terapeutas mais conservadores fazem sessões no divã, mais ou menos como vemos nos filmes, sem contato de olhar com o paciente; as sessões costumam ser mais freqüentes e o tempo de tratamento dura anos. Os resultados são bons, mas podem ser demorados.

Outras técnicas são interessantes como a linha jungiana, o psicodrama, gestalt e terapia transpessoal.

Hipnoterapia

A hipnose é um estado alterado de consciência em que há uma concentração especifica, focada em deixar a mente receptiva a sugestões externas, de outras pessoas, ou auto-sugestões. É método aprovado pela Associação Médica Americana desde 1958. Como técnica terapêutica, produz efeitos de relaxamento; não vamos confundir com a teatralização que vemos em programas de televisão. Alguns estudos comprovam a eficácia na redução de enxaquecas e cefaléias tensionais com a hipnose. A regressão de memória é uma abordagem que tem como objetivo a ressignificação de experiências traumáticas, podendo o paciente relatar conteúdos do passado, até mesmo de vidas passadas. É importante que seja feito por terapêuta experiente e sério.

Relaxamento

O relaxamento tanto físico quanto mental é a base de outras terapias, incluindo diversas técnicas para atingir esse fim, com foco na respiração, relaxamento muscular e mental. Três tipos de relaxamento são utilizados: o relaxamento muscular progressivo, o treinamento autógeno e a meditação. Há ainda variações desses três componentes.

Muitas técnicas de meditação estão disponíveis (a maioria de origem oriental), como a meditação *Zen*, *Qigong*, meditação transcendental; várias delas fazem uso de mantras, sons repetitivos cantados com significados religiosos, espirituais. Religiões orientais como o budismo em suas diversas ramificações, e outras de origem hindu, orientam práticas de meditação.

Na minha opinião de médico, vale sempre a pena tentar. Escolha o método que mais o estimula e pratique, pratique, pratique; quando você menos esperar, suas dores estão melhores.

Biofeedback

Biofeedback também é utilizado para conseguir o relaxamento, mas depende de um aparelho. É muito bem estudado e comum nos Estados Unidos, mas pouco estudado no meio brasileiro. Os sinais de monitorização da temperatura da pele, da atividade muscular ou dos batimentos cardíacos são vistos numa tela pelo paciente, que deve tentar, com esforço mental, reduzir a tensão.

Acupuntura

Vários estudos, alguns feitos na Alemanha (e um feito no Brasil pela médica Jerusa Alecrim e sua equipe em Campinas), mostraram a eficácia da acupuntura no tratamento preventivo da dor de cabeça. A acupuntura funciona, mas precisa de um número específico de sessões, no mínimo 12, cerca de duas por semana – e melhora mais quem mais crê no método.

Shiatsu, massagem

Recentemente foi publicado estudo mostrando que a massagem pode ser usada com sucesso no tratamento da enxaqueca. A massagem promove um relaxamento físico e mental, mas se o estado emocional do indivíduo produzir muita tensão e contratura muscular, ele vai ter de viver em massagem.

Ioga

O ioga é um método antigo de origem oriental que nas últimas décadas ganhou a simpatia do ocidente. Vários tipos de ioga existem, desde o *power (ashtanga) yoga*, com exercícios mais vigorosos, até variedades mais meditativas. O que acho interessante no ioga é exatamente o equilíbrio e a possibilidade de trazer ajustes físicos, por meio de seus alongamentos e posições, e mentais, por meio da respiração e meditação. Tenho muitos pacientes que não agüentaram nenhuma dessas técnicas, alegando que são muito "paradas". A pessoa fica irritada, tem vontade de bater no professor, mas é exatamente de uma reeducação desses comportamentos e da percepção da velocidade das coisas que esses indivíduos precisam e nelas têm de insistir.

Meditação, relaxamento, acupuntura, massagem (*shiatsu*), ioga são opções de que podemos lançar mão para beneficiar o equilíbrio do paciente, pensando sempre nos dois pilares: o lado físico e o lado mental.

Cuidar do lado espiritual

Outras medidas podem ajudar você a resgatar a espiritualidade. Retomar a religiosidade e usá-la a seu favor pode ser a chave para a melhora. O equilíbrio espiritual pode levar ao equilíbrio do estado mental e físico. Um dos maiores desafios para mim, na prática clínica, é integrar a espiritualidade no tratamento do paciente. E os melhores resultados, nos casos considerados "intratáveis" ou difíceis, são aqueles que atingem um equilíbrio global – que pode começar pelo lado espiritual e religioso.

Se você tem uma religião e está de bem com ela, volte-se para ela, freqüente algum grupo de apoio ou de assistência social, vá semanalmente ao templo religioso, tanto faz se é a sinagoga, a igreja católica, o templo protestante, o centro espírita ou ainda outros tantos templos religiosos. Vale a pena ir, sim. E por que estou falando em ir semanalmente? Porque os estudos científicos mostraram exaustivamente que essa freqüência foi a que fez mais diferença.

– Mas doutor, eu não acredito em nada, nunca fui à igreja, e além do mais você não vê quanta barbaridade esses religiosos fazem em nome de Deus?

Sim, é verdade, mas não é isso que faz de você uma pessoa sem espiritualidade, não é verdade? Você não precisa ter uma religião formal: o conceito principal é o da religiosidade intrínseca, ou seja, interessa a você o que sente espiritualmente por dentro, sem considerar a denominação religiosa. Lembro-me sempre de uma frase do Dalai Lama, que diz ser ideal que cada ser tivesse a sua própria religião, mas nem todos são capazes de criar para si próprios um sistema de crenças e valores – por isso, a religião formal pode ajudar.

Converse com o seu líder religioso, ele pode conduzir você a uma reestruturação do seu lado espiritual sem comprometer o seu tratamento.

Em muitos casos é ele o último que puxa a fila da recuperação.

Tratamento com remédios

O tratamento das cefaléias em geral é dividido em dois tipos: o tratamento agudo (para aliviar a crise de dor de cabeça) e o tratamento preventivo (para evitar o aparecimento das cefaléias). Tanto o tratamento agudo quanto o preventivo podem envolver remédios (medicamentoso/ farmacológico) ou não (não medicamentoso/farmacológico). Veremos ainda as opções de remédios que temos.

O tratamento preventivo é o principal tratamento das dores de cabeça. O tratamento preventivo, também conhecido como profilático, visa evitar as crises, torná-las menos intensas, menos freqüentes e mais responsivas ao tratamento agudo. Expectativas realistas para o tratamento são necessárias e redução das crises em 50% acontecem na maioria dos casos.

Quando iniciamos um tratamento com remédios para prevenir as enxaquecas? Existem critérios bem definidos, vários fatores pesam nesta decisão, incluindo a preferência e a participação do paciente. Em várias linhas de conduta (*guidelines*) de vários países, coloca-se a freqüência de mais de duas crises por mês como um dos critérios; porém, se duas crises por mês são rápida e eficazmente tratadas com analgésico não necessariamente devemos dar um remédio diariamente para evitar estas crises "brandas"; o contrário pode ocorrer, as crises serem mais espaçadas, mas de muito forte intensidade, incapacitando o paciente, e, nesses casos, devemos pensar em medicar.

A pergunta fundamental para o paciente (ou para você mesmo) é: você tomaria uma medicação todos os dias para evitar essas dores que estão aparecendo? Independentemente da freqüência das crises, o paciente pode querer ou não um tratamento preventivo.

Existe uma série de opções de medicamentos de diversas classes, entre eles os antidepressivos, os neuromoduladores, betabloqueadores, e bloqueadores do canal de cálcio. Ainda há outras categorias como fitoterápicos (*Tanacetum parthenium, Petasitis hibridus*), vitaminas (riboflavina, vitamina B2), enzimas (coenzima Q10), melatonina, magnésio, toxina botulínica, anti-hipertensivos (lisinopril, candesartan).

O que esperar de um tratamento preventivo?

Como são muitas as possibilidades para o tratamento preventivo das dores de cabeça recorrentes – assim como a multiplicidade de fatores que desencadeiam as crises e que podem ser evitados –, sempre passamos uma boa expectativa de melhora para o paciente, pois devemos sempre ter uma perspectiva otimista! Mas devemos também, ao mesmo tempo, ter expectativas realistas, ter os pés no chão, pois não existe mágica, não é tão simples como encostar a mão na cabeça do paciente e pronto, toda a dor desapareceu para sempre.

O tratamento preventivo exige esforço, determinação, muitas vezes dedicação intensa do paciente e do médico. Não devemos desistir nunca! Sempre há o que se fazer, quer seja com medidas medicamentosas, quer com medidas que não envolvem os remédios. O que os estudos clínicos, as pesquisas de remédios em pacientes com enxaqueca e outras cefaléias mostram é uma resposta que segue a regra meio-a-meio. Quer dizer que 50% dos pacientes estudados apresentam no mínimo 50% de redução nas crises. Os estudos mais recentes passaram a avaliar também a variável "resposta completa", um marcador mais próximo da preferência do paciente para tratamento preventivo, mas mais distante da realidade, pois a "resposta completa" significa mais que 95% de redução nas crises, ou seja, ficar quase ou totalmente sem dor! Infelizmente, nos estudos, essas taxas estão por volta de apenas 10%.

O que temos de considerar é que esses números, oriundos dos estudos clínicos estão um pouco fora da realidade do tratamento do nosso dia-a-dia ou de seu contato com o médico. A individualização no tratamento faz com que as respostas sejam muito melhores, porque em geral podem-se utilizar medidas específicas, adaptar o tratamento, indicar mais do que uma orientação ao mesmo tempo.

O paciente deve participar de seu tratamento

Dimensionar as expectativas e esclarecer o paciente da sua posição no tratamento é fundamental. Não vá esperando um tratamento unilateral, do qual só o médico participa, mandando você tomar o remédio, você não faz esforço nenhum e tudo se resolve! *Isto não existe, não funciona.*

Se você não participar do seu tratamento, não vai a lugar nenhum. Lembre-se do papel essencial do sistema de dor no organismo, muitas vezes *o que a dor quer com você* são mudanças exatamente no seu estilo de vida, no seu comportamento.

Quando prescrevemos um remédio, antes um diagnóstico é dado, o paciente é reassegurado de sua condição e recebe orientações diversas. O efeito terapêutico tem muito a ver com o contexto geral do tratamento, da confiança do paciente no médico e até mesmo na crença na explicação dada e na proposta de tratamento dado.

O começo de um tratamento é sempre de uma reação do organismo ao remédio; sintomas iniciais podem aparecer, mas se não insistirmos, não passamos a "rebentação"; a primeira fase é a mais difícil. Paciência é a palavra mais importante – até porque o efeito do remédio não será instantâneo: pode demorar até 2 ou 3 meses para aparecer o efeito completo daquele remédio naquela dose.

Uma história que se repete comumente é a do paciente que vem ao consultório pela primeira vez e diz:

– Doutor, já tentei de tudo! Nada funciona, todos os remédios me dão tantos efeitos colaterais que eu não consigo levar adiante os tratamentos! O senhor é a minha última salvação!

Este é um exemplo típico de alguém que não insistiu tempo suficiente nos tratamentos medicamentosos. Aí eu pergunto:

– Por quanto tempo você tomou o remédio " x"?

– Ah, esse aí não agüentei dois dias, me deu um sono que eu parecia um zumbi!

– E o remédio "y"?

– Ah, esse aí eu não quero ver nunca mais nem pintado! Nunca passei tão mal com nenhum remédio!

– E o remédio "z"?

– Com esse eu não senti nada, mas tentei uma semana, não fez efeito, tive uma crise e parei.

Na verdade, para esse nosso amigo ou amiga não falhou nem o remédio "x" nem o "y" nem o "z": simplesmente agiu errado com todos eles; poderia ter tentado em doses menores os que deram efeitos colaterais e deveria tentar muito mais tempo o remédio "z". É claro que podem aparecer umas crises, após o tratamento; isso não quer dizer que o remédio não está funcionando, temos de acompanhar objetivamente o que está ocorrendo. Por isso, o preenchimento do diário é tão importante. Lembre-se: a memória da dor é traiçoeira!

Não leia a bula!

Uma vez, conversando com um advogado que acompanhava sua mãe em consulta, eu lhe disse o que sempre digo aos pacientes:

– A bula não foi feita para o paciente, nem para o médico: foi feita para os advogados!

E ele respondeu imediatamente, concordando comigo:

– A bula é um pré-contrato do usuário do remédio com a indústria farmacêutica que o fabricou; eu mesmo já escrevi bulas de remédios.

Pois é. A bula é mesmo uma lista de informações indigeríveis, com letras minúsculas, com linguajar técnico, incompreensível, que causa mais dúvida e medo que qualquer outra coisa. Duas coisas angustiam os pacientes quando lêem bulas, uma é a "Indicações", outra "Efeitos colaterais".

Devemos compreender que a indicação em bula tem a ver com a aprovação do remédio para uma determinada indicação, o que pode ser para o laboratório farmacêutico muito caro, até mesmo economicamente inviável. Nos Estados Unidos, o custo de estudos clínicos para aprovar uma indicação clínica (uma doença) para um remédio pode chegar a 2 milhões de dólares. As agências regulatórias, ANVISA (Agência Nacional de Vigilância Sanitária) no Brasil, e FDA (Food and Drug Administration), nos EUA "aprovam" os remédios para determinadas indicações; é meio estranho, mas é importante saber, não tem tanto a ver com saúde, tem mais a ver com marketing: essas entidades permitem que os laboratórios possam promover o remédio, fazer propaganda para os médicos e colocar a indicação na bula para poder falar sobre a doença e o efeito do remédio. Ou seja, só nos remédios novos, com patentes, é que existe investimento de estudos clínicos pela indústria farmacêutica, para chegar a fazer parte do arsenal de tratamento; mas muitos remédios "baratos" deixam de ser pesquisados pela falta de financiamento das pesquisas.

No mundo da enxaqueca usamos medicações que "tomamos emprestadas" de outras doenças: usamos anticonvulsivantes, anti-hipertensivos, antidepressivos, antiinflamatórios, antivertiginosos – e adivinhe se aparece na bula a indicação "enxaqueca"? Na maioria dos casos, não! Então o paciente pega o remédio, lê a bula e vê que não consta a indicação enxaqueca e que a lista de efeitos colaterais inclui a morte, assalto, seqüestro, atropelamento; volta dali a um tempo e diz:

– Não tive coragem doutor, a bula dizia que podia dar efeitos tais e tais e só falava de depressão, epilepsia...

Ou seja, ele não iniciou o tratamento.

Outro ponto para entendermos uma bula que não devemos ler...: a lista de efeito colaterais é a representação *de tudo* o que aconteceu na observação clínica em uma pesquisa, quer seja no grupo de pacientes que tomaram o remédio, quer seja no grupo dos placebos (aquela cápsula, que é a mesma do remédio, mas que não contém o princípio ativo). Então aparece de tudo mesmo! Quando peço aos pacientes, principalmente aos ansiosos e ansiosas, que não leiam a bula dou o seguinte exemplo:

– Imagine que antes de você chegar ao consultório eu lhe peça para prestar atenção no quadro vermelho com figuras geométricas e moldura branca que estará na sala. Não seria a primeira coisa que você notaria quando entrasse?

A resposta é sempre a mesma: o quadro nunca é percebido pelo paciente até esse momento da consulta; aí ele vai prestar atenção, embora o quadro tenha estado diante de seus olhos o tempo todo! Os efeitos colaterais descritos em bula funcionam da mesma forma: se você ler sobre um sintoma, passa a percebê-lo melhor ou imaginar que o tem.

Atenção! Não se auto-medique

Acho importante discorrer sobre as possiblidades de tratamento com remédios neste livro, pois a impressão que deve ficar é a de que *há muito o que fazer para se tratar as dores de cabeça*. Mas a última coisa que você deve fazer é ler a lista de opções e se automedicar. As explicações aqui encontradas não são suficientes para alguém decidir sobre qual medicamento deve ou não ser tomado. Só o médico pode prescrever ou recomendar uma ou outra medicação. Existem indicações e contra-indicações que só o médico pode julgar, além do que existe uma análise precisa para se determinar qual é o melhor *plano de tratamento* para você, e não simplesmente qual é o melhor remédio para o seu caso.

O melhor remédio para você pode não ser um remédio! Pode ser até parar de tomar remédios, como no caso da dor de cabeça por uso abusivo de analgésicos.

Antidepressivos

Existem mais de 20 diferentes tipos de antidepressivos, divididos em várias classes (tricíclicos, inibidores da Mono Amino Oxidase (MAO), inibidores da recaptação de serotonina, serotonina e noradrenalina, serotonina e dopamina); porém, poucos são sabidamente eficazes no tratamento das cefaléias. A medicação mais classicamente usada é a amitriptlina, um antidepressivo tricíclico, cujos principais efeitos colaterais são sonolência (útil para pacientes com insônia) e boca seca. É uma medicação utilizada para depressão, vários tipos de dor, ansiedade, insônia, síndrome do cólon irritável e fibromialgia.

Outros antidepressivos são usados para o tratamento da enxaqueca, cefaléia do tipo tensional e cefaléia crônica diária, porém os tricíclicos têm sua eficácia há mais tempo conhecida. Os antidepressivos são: amitriplina, nortriptilina, imipramina, doxepina (classe dos tricíclicos); fluoxetina, citalopram, escitalopram, sertralina, paroxetina, fluvoxamina (classe dos inibidores da recaptação da serotonina); buproprina, amineptina (inibidores da noradrenalina e dopamina); mirtazapina, venlafaxina, (inibidores da recaptação da noradrenalina) tranilcipramina, moclobemida (inibidores da MAO). Recentemente foi lançada a medicação antidepressiva duloxetina, com ação equilibrada de dois neurotransmissores: a serotonina e a noradrenalina; os resultados são promissores. Escitalopram é outra medicação recente, mas já bem conhecida, também com possíveis bons resultados.

Neuromoduladores

São também conhecidos como anticonvulsivantes, medicações originalmente usadas para epilepsia. São remédios de nova geração, excelentes para o tratamento preventivo da enxaqueca. Existe um preconceito tolo porque os neuromoduladores são também usados para epilepsia. Mas é também uma das medicações de maior eficácia para enxaqueca. O primeiro a ser usado foi o ácido valpróico, ou divalproato (Depakote®). Os efeitos colaterais mais comuns são tremores, enjôos e aumento de peso. O divalproato é hoje muito utilizado também para o espectro bipolar, é um bom estabilizador do humor, diminui os "altos e baixos", utilizado com sucesso para epilepsia e enxaqueca.

O topiramato (Topamax®) é uma das boas novidades para o tratamento da enxaqueca; vem sendo usado com eficácia para seu tratamento e tem uma vantagem sobre todas as outras medicações: é a única que pode induzir à perda de peso; então há boa adesão do paciente, principalmente da mulher, que está sempre querendo perder uns quilinhos; pode, porém, apresentar distúrbios cognitivos e formigamentos como efeitos colaterais se a dose de início for muito alta; por isso, é necessário aumentar a dose gradualmente a cada semana. Assim como outros neuromoduladores, que são também estabilizadores do humor, o topiramato ajuda nas irritabilidades, aceleração mental e ansiedade, que são freqüentes acompanhantes/desencadeantes da enxaqueca, podendo ser também tratadas concomitantemente.

O divalproato e o topiramato são os dois neuromoduladores de melhor resultado e experiência clínica em enxaqueca.

A gabapentina pode pode ser eficaz na prevenção da enxaqueca. Outros anticonvulsivantes como a lamotrigina, carbamazepina e hidantoína são eficazes para dores do tipo nevrálgicas (dores faciais, neuralgia do trigêmeo). Novos anticonvulsivantes como o levatiracetam e a zonizamida têm o potencial de também agir no controle da dor, mas ainda não são disponíveis no Brasil.

Betabloqueadores

É uma das classes de medicações mais antigas no tratamento da enxaqueca e também mais eficazes. São também usados no tratamento da hipertensão arterial. O propranolol e o atenolol são os mais usados, com boa eficácia. Os efeitos colaterais são cansaço e depressão. Betabloqueadores são contra-indicados para pacientes com asma. Outros betabloqueadores como o nadolol, pindolol e metoprolol podem também ser usados.

Bloqueadores do canal de cálcio

Uma das teorias para as causas da enxaqueca é a de que ocorre um distúrbio dos canais de cálcio (parte da membrana da célula nervosa). Medicações que bloqueiam esse sistema atuam bem na prevenção da enxaqueca. A mais usada é a flunarizina, mas outras medicações como o verapamil também são utilizadas, especialmente no tratamento de enxaquecas hemiplégicas (com perda de força em um dos lados do corpo) e nas cefaléias em salvas.

A flunarizina funciona bem no controle da dor, mas é preciso ficar atento ao aparecimento de depressão e ganho de peso.

Outros medicamentos

A riboflavina (vitamina B2) e o magnésio têm sido usados também com sucesso na profilaxia da enxaqueca. Durante a gravidez, são duas opções que podem ser consideradas. A coenzima Q10 é uma enzima que é importante como fator no funcionamento da mitocôndria, uma peça fundamental na célula nervosa, a usina da célula. Esse elemento tem eficácia no tratamento da enxaqueca.

A melatonina pode também ser muito eficaz na enxaqueca. É uma molécula muito interessante, é uma prima da serotonina; é uma substância que o próprio organismo produz, então é muito bem tolerada, quase não tem efeitos colaterais, e é mais indicada quando há tipos específicos de distúrbio do sono envolvidos (e na maioria dos pacientes com cefaléia em salvas). Nosso grupo de pesquisa fez estudos mostrando a importância clínica da melatonina nas enxaquecas, e é uma ótima opção para o tratamento.

A toxina botulínica pode ser também utilizada. Em alguns casos os resultados são bons: obervamos que as mulheres que procuram o produto para estética podem ter bom resultado também na enxaqueca. Várias são as marcas, Botox®, Prossigne®, Dysport® – mas, atenção: se você vai aplicar para estética, saiba que os pontos para tratar enxaqueca vão além dos pontos usados no face, na região frontal: deve-se seguir o local da dor e aplicar também em outras áreas da cabeça ou seja, fale com o neurologista também.

Dois fitoterápicos são usados com sucesso no tratamento preventivo da enxaqueca, um deles, o *Petasitis hibridus* é usado também para alergias, e outro, o *Tanacetum parthenium*, também tem efeito benéfico, ambos com estudos clínicos que comprovam sua eficácia.

Bloqueio de nervos

Em casos específicos, podemos realizar os chamados bloqueios de nervos que consistem de uma aplicação de um anestésico local como a Xilocaína®, por vezes associada a algum corticóide. O mais comum é o bloqueio de nervo occipital maior e pode ser feito bilateralmente. Pode-se também fazer bloqueios com a toxina botulínica.

Internação hospitalar

Em casos de refratariedade, ou seja, de falha na resposta a muitos remédios, e de dores que não passam com os comprimidos, e passam a existir com freqüência diária, pode-se utilizar a modalidade de tratamento hospitalar, onde é feita hidratação, controle de náusea e vômitos e analgesia com medicamentos administrados pela veia. Sempre tentamos evitar a hospitalização, mas pode ser uma opção muito importante para alguns pacientes.

Tratamento da crise

A meta do tratamento agudo é promover o alívio da dor o mais rápido possível, sem efeitos colaterais. Outras questões importantes no tratamento da crise são a comodidade da via de administração do remédio (sublingual, via retal, via oral, injetável), a taxa de recorrência (retorno da dor de cabeça em 24 horas) e o custo do tratamento.

No entanto, não há nenhuma medicação perfeita. Alívio imediato pode não acontecer e efeitos colaterais podem ocorrer. Por vezes é necessário o uso de medicações injetáveis, a dor de cabeça pode voltar no dia seguinte e o custo dos remédios pode ser alto. Por isso, pacientes e médicos *devem se preparar* para escolher qual a melhor estratégia para o tratamento da crise de dor de cabeça.

Como vimos, o conceito fundamental no tratamento é a prevenção. É importante quando a dor aparecer, termos boas armas para nos livrarmos dela o quanto antes; mas, o mais importante mesmo é evitar que a dor apareça.

Analgésicos comuns

Analgésicos comuns ou simples, são medicamentos que geralmente não precisam de receita médica e que são encontrados facilmente em supermercados, bares e lanchonetes. Os mais comuns são o acetominofeno ou paracetamol, cujo nome comercial é Tylenol®, e a dipirona, com várias formulações comerciais, Doril®, Anador®, Cibalena®. Muitos analgésicos apresentam também em suas fórmulas a cafeína. O custo destes medicamentos é baixo, são úteis para crises de intensidade leve a moderada, apresentam poucos efeitos colaterais, mas não são eficazes para crises de enxaqueca mais intensas. Há um grande potencial de cefaléia rebote com o uso excessivo de analgésicos (mais que 3 vezes por semana). Existe um problema sério quando se exagera nos analgésicos: fígado, rins, estômago podem ficar comprometidos. O ideal sempre é a utlização racional dos analgésicos, e instituição de tratamento preventivo se as crises forem freqüentes.

Associam-se opióides em alguns casos com bons resultados no tratamento das crises, como no caso da associação paracetamol + tramadol, ou paracetamol + codeína; em raros casos precisamos utilizar opióides mais fortes, como os derivados de morfina.

Antiinflamatórios

São medicamentos usados para a dor em geral. Eles agem em uma substância chamada prostaglandina, diminuindo a inflamação. Vários antiinflamatórios são usados para cefaléias, tais como diclofenaco, indometacina, naproxeno, aspirina. São eficazes no tratamento das crises de cefaléia, mas apresentam efeitos colaterais indesejáveis na mucosa do estômago e rins. A indometacina (Indocid®) é uma medicação especial para dores de cabeça. Alguns tipos de cefaléias apresentam uma resposta imediata e duradoura à indometacina, são as cefaléias indometacino-responsivas (hemicrania contínua, hemicrania paroxística crônica, cefaléia do esforço, cefaléia da tosse, cefaléia da atividade sexual, cefaléia em pontadas).

Novos antiinflamatórios (inibidores da COX-2)

Lumiracoxib (Prexige®), etoricoxib (Arcoxia®) e celecoxib (Celebra®) são novos antiinflamatórios cuja ação é mais específica para dor, causam menos úlcera gástrica e sangramento. O preço, no entanto, é maior que outros antiinflamatórios convencionais. Recente polêmica quanto à segurança desses antiinflamatórios fez com que duas substâncias dessa mesma classe fossem retiradas do mercado, o valdecoxib (Bextra®) e rofecoxib (Vioxx®).

Ergotaminas

Ergotaminas são medicações antigas para as cefaléias, particularmente enxaquecas, cuja resposta é muito boa em alguns casos. Apresentam efeitos colaterais indesejáveis como vasoconstrição arterial e náusea. Algumas ergotaminas apresentam preparações com cafeína. São medicações com grande potencial de causar cefaléia rebote. Exemplos dessa classe de medicações são: Cefalium®, Cefaliv®, Ormigrein®, Migrane®, Parcel®, Tonopan®.

Triptanos

Os triptanos são medicações criadas especificamente para o tratamento das enxaquecas. Elas agem nos receptores de serotonina, melhorando a crise de enxaqueca mais rapidamente, com menos efeitos colaterais que as ergotaminas. O primeiro remédio lançado foi o sumatriptano (Sumax®, Imigran®). Recentemente, outros novos triptanos como o rizatriptano (Maxalt®), zolmitriptano (Zomig®) e naratriptano (Naramig®) estão disponíveis. Apesar de eficazes, o preço dos triptanos é considerado ainda alto.

Relaxantes musculares

Essa classe de medicamentos pode ser usada tanto como analgésico como preventivo, em casos em que a contratura da musculatura do pescoço ocorre; quando há dor cervical (e é muito freqüente), usamos com sucesso esses medicamentos, como tizanidina, carisoprodol, ciclobenzaprida.

Antieméticos

Eles são muito importantes, quando a crise está acompanhada de náuseas e vômitos, com alguma intensidade de enjôo; é preciso associar-se um antiemético ou usar medicamentos que evitem a via digestiva, pois o estômago nessas condições fica paralisado; então os remédios acabam não sendo absorvidos, devem ser usadas comprimidos por via sublingual, supositórios pela via retal, ou injeção pelas vias subcutânea, intramuscular ou pela veia.

A metoclopramida ou ondasetrona podem ser utilizadas como antieméticos, domperidona, prometazina, clorpromazinam e droperidol também têm efeito analgésico e antiemético.

Uma descoberta de um pesquisador brasileiro, o Dr. Abouch Krymchantowsky, mostrou que a trimebutina pode ser associada ao tratamento da crise da enxaqueca com sucesso. Outra contribuição do Dr. Abouch, conhecida internacionalmente, foi a associação de antiinflamatórios com triptanos e hoje está para ser lançada uma medicação com esse conceito.

Algumas dicas na hora da dor

Gostaria de lhe dar algumas dicas, pois com a dor aparece uma série de outros sintomas – o desespero, a depressão, a náusea –, todos levando à incapacidade momentânea. A primeira coisa para pensar: a crise vai passar; se você entrar na espiral da crise, forma-se um ciclo vicioso, dor, medo, ansiedade, desespero, dor, e ela vai progressivamente piorando. Apesar de ser difícil ver uma luz no fim do túnel durante uma crise de enxaqueca, essa luz tem de aparecer, basta você acendê-la.

Se possível, deite, durma, relaxe, escute uma música calma ou tome um banho relaxante. Respire calma e profundamente. Se souber alguma técnica de relaxamento, faça; se não souber, aprenda para a próxima crise. Às vezes, a sua própria mente pode transformar a dor de um grau 9 (de 0 a 10) para um 8, depois 7, e assim por diante.

Se você conseguir reconhecer o pródromo, o período que antecede as dores, quando normalmente aparecem bocejos, sonolência, cansaço, vontade de comer doces, incômodo com a luz, com o barulho, é hora de tomar alguma coisa, pois pode já ser o início de uma crise. Isso mesmo, antes de ela aparecer; converse com o seu médico sobre o assunto; dois terços dos pacientes conseguem reconhecer o período do pródromo. É uma grande janela de oportunidade de tratamento.

Quando há enjôo, é sinal de que o estômago está paralisado, então medicamentos, comprimidos via oral não vão funcionar. Procure alternativas como remédios via sublingual, retal (supositórios) ou até mesmo injeções intramusculares (que podem ser aplicadas em farmácias com receita médica) ou na veia (geralmente em prontos-socorros).

Quando há muita contratura muscular, geralmente associo um relaxante muscular no tratamento da crise e até preventivamente. Massagens, gelo ou qualquer estímulo frio (paradoxalmente também compressas quentes, pois relaxam a musculatura), podem ajudar.

E, por último, confie na medicina e na ciência. Coisas melhores estão por vir...

Capítulo 7
Sugestões finais e o futuro

Eleva, pois, o teu olhar e caminha, luta e serve, aprende e adianta-te, brilha a alvorada além da noite. Hoje é possível que a tempestade te amarfanhe o coração e te atormente o ideal, aguilhoando-te com aflição e dor ou ameaçando-te com a morte. Não te esqueças porém que amanhã será outro dia.

"CONFIE SEMPRE", CHICO XAVIER

**MUITO BEM, CARO LEITOR, JÁ PASSAMOS POR TAN-
TAS COISAS JUNTOS NESTE LIVRO** que viramos amigos. Tentei mostrar a você que a origem das dores de cabeça é extremamente complexa, mas a sua natureza é de absoluta simplicidade.

O que ela quer com você é simplesmente o reequilíbrio – mesmo sendo bastante complicado o processo para atingir esse reequilíbrio, é importante encará-lo com simplicidade.

Espero que você consiga enxergar o assunto também desta forma: minimizar o sofrimento é uma boa medida, não para desconsiderar o incômodo da dor – que não deixa de lembrar como é ruim, quando aparece –, mas é fundamental contextualizá-la de maneira que lhe permita posicionar-se bem perante ela. Lembre-se de priorizar o que é mais importante para você, o *seu* bem-estar!

Não deixe de procurar uma perspectiva existencial para o seu sofrimento, para sair da condição de vítima, ganhar poder de mudança e conquistar a sua felicidade, o seu bem-estar livre da dor de cabeça! Se ela voltar, é para lembrá-lo novamente de redirecionar a vida para o caminho certo. Menos cobrança consigo mesmo, tire de si a culpa, tire o mundo das suas costas! Ajude a quem puder, porém ajudando-se primeiro...

Viva o momento, viva o agora! Use a inteligência de antecipar apenas as coisas úteis e que lhe trouxerem alegria; não se preocupe, não gaste energia à toa! Não se sobrecarregue, o melhor caminho é o *do meio*.

Durma bem, não pule refeições, pare de fumar, não exagere no café ou no álcool. Procure tratamento, você pode precisar de remédio, ou em alguns casos, exames, para detectar algo mais que possar estar acontecendo.

www.cefaleias.com.br

Para maiores consultas ou para contato conosco, a internet pode ser um caminho. O www.cefaleias.com.br é um portal que funciona há seis anos, que vem crescendo e se modificando com o tempo para atender às necessidades dos pacientes, disponibilizando conteúdo, novidades e abertura de comunicação com os internautas nos links: *Pergunte ao Dr.* e *Contato*.

A Sociedade Brasileira de Cefaléias é um órgão que reúne os interessados em pesquisa na área das cefaléias, e informações podem ser obtidas no www.sbce.med.br.

Em inglês, informações sobre a cefaléia podem ser pesquisadas nos sites www.ahsnet.org (American Headache Society), www.i-h-s.org (International Headache Society), www.thebrainmatters.org (American Academy of Neurology), www.ninds.nih.gov (National Institute of Neurological Diseases and Stroke).

O futuro

E para onde vamos? Será que a tendência do futuro é piorar, ou as coisas vão melhorar? A humanidade está chegando à exaustão de suas capacidades, já que cada vez mais estamos acelerando e a quantidade de informações é cada vez maior?

Celulares, e-mails, iPods, internet... parece que as tecnologias não têm limite! Nesse sentido, o futuro é pessimista, mas o homem é um ser inteligente e a palavra-chave é *adaptação*. Ao mesmo tempo em que facilitamos nossa vida com as aquisições da modernidade, temos de correr para nos adaptarmos às novidades. Porém, confio na inteligência humana e no otimismo de que as coisas têm de melhorar!

O que nos espera em termos de descobertas, novos remédios, pesquisas, é certamente algo que nos deve deixar sob expectativa favorável. A pesquisa médica é cara, entretanto, é voltada para os aspectos medicamentosos. Os grandes financiadores da pesquisa médica são sem dúvida os laboratórios farmacêuticos. Infelizmente só há desenvolvimento de novos remédios se houver perspectiva de lucro, esta é a realidade. Mas há outras fontes de investimento em pesquisa, o próprio governo ou entidades sem fins lucrativos voltadas para ideais específicos (ONGS). Associações de pacientes podem ser um caminho através do qual os interesses diretos das pessoas são defendidos pelos próprios interessados.

Assim, entre umas e outras coisas, o futuro a meu ver é promissor, minha expectativa é otimista, mas não precisamos esperar nada para resolvermos agora os problemas! Principalmente agora que você já sabe *o que sua dor de cabeça quer com você*.

Ria um pouco!

O marido chegou em casa à noite e deu para mulher um comprimido de analgésico, e a mulher, estranhando, perguntou:

– Para que isto? Eu não estou com dor de cabeça!

E o marido retrucou:

– Era isso mesmo que eu queria saber...

||

– Ah, doutor, acordo todo dia com uma dor de cabeça terrível.

– Tome todos os dias um destes comprimidos meia hora antes de acordar.

||

O sujeito vai ao médico reclamando de insônia.

– Quer dizer que o senhor não consegue dormir bem durante a noite? – pergunta o médico.

– Não, doutor! À noite e pela manhã até que eu durmo bastante bem. É à tarde que a insônia ataca!

||

Dizem que, nos seus primeiros dias de vida, Adão chegou para Deus e perguntou:– Senhor, o que é dor de cabeça?

E Ele respondeu:

– Me dá uma costela sua que eu lhe mostrarei!

||

bibliografia

ALECRIM-ANDRADE, J., MACIEL-JUNIOR, J.A., CLADELLAS, X.C., CORREA-FILHO, H.R., MACHADO, H.C. Acupuncture in migraine prophylaxis: a randomized sham-controlled trial. *Cephalalgia*. 26: 520-29. 2006.

ALHO-FILHO, J., MALUF, F.C., PERES, M.F., RAHAL, F. Psychological Tendencies of the Surgical Patient. *Boletim do Centro de Estudos e Pesquisas em Psiquiatria da FCMSC de São Paulo*. 9, 40-49. 1992.

ANDRADE, L.A., ZUKERMAN, E., PERES, M. F. Cefaléias primárias. *Revista Brasileira de Medicina*. 60 (12), 57-62. 2003.

ANTONIAZZI, A.L., BIGAL, M.E., BORDINI, C.A., SPECIALI, J.G. Headache associated with dialysis: the International Headache Society criteria revisited. *Cephalalgia*. 23: 146-49. 2003.

AURORA, S.K., GAWEL, M., BRANDES, J.L., POKTA, S., VAN DENBURGH, A.M. Botulinum toxin type a prophylactic treatment of episodic migraine: a randomized, double-blind, placebo-controlled exploratory study. *Headache*. 47: 486-99. 2007.

BENSON, H., MALVEA, B.P., GRAHAM, J.R. Physiologic correlates of meditation and their clinical effects in headache: an ongoing investigation. *Headache*. 13: 23-24. 1973.

BIGAL, M.E., BORDINI, C.A., TEPPER, S.J., SPECIALI, J.G. Intravenous dipyrone in the acute treatment of migraine without aura and migraine with aura: a randomized, double blind, placebo controlled study. *Headache*. 42: 862-71. 2002.

BIGAL, M.E., BORDINI, C.A., TEPPER, S.J., SPECIALI, J.G. Intravenous magnesium sulphate in the acute treatment of migraine without aura and migraine with aura. A randomized, double-blind, placebo-controlled study. *Cephalalgia*. 22: 345-53. 2002.

BIGAL, M.E., LIPTON, R.B. The preventive treatment of migraine. *Neurologist*. 12: 204-13. 2006.

BIONDI, D.M., SAPER, J.R. Geriatric headache. How to make the diagnosis and manage the pain. *Geriatrics*. 55: 40, 43-50. 2000.

BISWAL, N., SUNDARAM, V.M., MATHAI, B., BALASUBRAMANIAN, S. Congenital indifference to pain. *Indian J. Pediatr.* 65: 755-57. 1998.

BROWN, C.R. Occipital neuralgia: symptoms, diagnosis, and treatment. *Pract. Periodontics Aesthet Dent.* 8: 587-88. 1996.

CADY, R.K., DODICK, D.W., LEVINE, H.L., SCHREIBER, C.P., EROSS, E.J., SETZEN, M. et al. Sinus headache: a neurology, otolaryngology, allergy, and primary care consensus on diagnosis and treatment. *Mayo Clin. Proc.* 80: 908-16. 2005.

CAROD-ARTAL, F.J., SILVEIRA, R.L. da, BRAGA, H., KUMMER, W., MESQUITA, H.M., VARGAS, A.P. Prevalence of patent foramen ovale in migraine patients with and without aura compared with stroke patients. A transcranial Doppler study. *Cephalalgia*. 26: 934-39. 2006.

CLASSIFICATION and diagnostic criteria for headache disorders, cranial neuralgias and facial pain. Headache Classification Committee of the International Headache Society. *Cephalalgia*. Supl. 7: 1-96. 1988.

CORCHS, F., MERCANTE, J.P., GUENDLER, V.Z., VIEIRA, D.S., MASRUHA, M.R., MOREIRA, F.R. et al. Phobias, other psychiatric comorbidities and chronic migraine. *Arq. Neuropsiquiatrics*. 64: 950-53. 2006.

DACH, F., SPECIALI, J. Tolosa-Hunt syndrome: critical literature review based on IHS 2004 criteria. *Cephalalgia*. 27: 960-61. 2007.

DAROFF, R.B. Ocular causes of headache. *Headache*. 38: 661. 1998.

DIENER, H.C., BUSSONE, G., VAN OENE, J.C., LAHAYE, M., SCHWALEN, S., GOADSBY, P.J. Topiramate reduces headache days in chronic migraine: a randomized, double-blind, placebo-controlled study. *Cephalalgia*. 27: 814-23. 2007.

DODICK, D.W. Thunderclap headache. *Headache.* 42:309-15. 2002.

DODICK, D.W., EROSS, E.J., PARISH, J.M., SILBER, M. Clinical, anatomical, and physiologic relationship between sleep and headache. *Headache.* 43: 282-92. 2003.

DODICK, D.W., JONES, J.M., CAPOBIANCO, D.J. Hypnic headache: another indomethacin-responsive headache syndrome? *Headache.* 40: 830-35. 2000.

EDMEADS, J. History of migraine treatment. *Can. J. Clin. Pharmacol.* 6, Supl, A: 5A-8A. 1999.

EKBOM, K. Cluster headache: an overview. *Ital. J. Neurol. Sci.* 20: S1-S3. 1999.

EROSS, E., DODICK, D., EROSS, M. The Sinus, Allergy and Migraine Study (SAMS). *Headache.* 47: 213-24. 2007.

EVANS, R.W., MANNIX, L.K. Triptans for migraine prodrome. *Headache.* 42: 83-84. 2002.

FEATHERSTONE, H.J. Migraine and muscle contraction headaches: a continuum. *Headache.* 25: 194-98. 1985.

FEINSTEIN, A. The pre-therapeutic classification of the comorbidity in chronic disease. *J. Chronic. Dis.* 23: 455-86. 1970.

FLANNELLY, K.J., KOENIG, H.G., ELLISON, C.G., GALEK, K., KRAUSE, N. Belief in life after death and mental health: findings from a national survey. *J. Nerv. Ment. Dis.* 194: 524-29. 2006.

FREITAG, F., TAYLOR, F.R., HAMID, M.A., RODGERS, A., HUSTAD, C.M., RAMSEY, K.E. et al. Elimination of Migraine-Associated Nausea in Patients Treated with Rizatriptan Orally Disintegrating Tablet (ODT): A Randomized, Double-Blind, Placebo-Controlled Study. *Headache*, 2007.

FURMAN, J.M., BALABAN, C.D., JACOB, R.G., MARCUS, D.A. Migraine-anxiety related dizziness (MARD): a new disorder? *J. Neurol. Neurosurg. Psychiatry.* 76: 1-8. 2005.

GIFFIN, N.J., RUGGIERO, L., LIPTON, R.B., SILBERSTEIN, S.D., TVEDSKOV, J.F., OLESEN, J. et al. Premonitory symptoms in migraine: an electronic diary study. *Neurology.* 60: 935-40. 2003.

GOADSBY, P.J., LIPTON, R.B. A review of paroxysmal hemicranias, SUNCT syndrome and other short-lasting headaches with autonomic feature, including new cases. *Brain*. 120 (Pt 1): 193-209. 1997.

GOLDSTEIN, J., SILBERSTEIN, S.D., SAPER, J.R., RYAN Jr., R.E., LIPTON, R.B. Acetaminophen, aspirin, and caffeine in combination versus ibuprofen for acute migraine: results from a multicenter, double-blind, randomized, parallel-group, single-dose, placebo-controlled study. *Headache*. 46: 444-53. 2006.

GOMES, J.A.P., PINHEIRO, R.K., PERES, M.F., VARELLA, E.F. Experimental model of dry eye in rabbits. *Arquivos Brasileiros de Oftalmologia*. 57(4): 264-68. 1994.

GORDON, N. History of cluster headache. *Curr. Pain Headache Rep.* 9: 132-34. 2005.

GRIFFIN, M.J., CHAMBERS, F.A., MacSULLIVAN, R. Post herpetic neuralgia: a review. *Ir J Med Sci*. 167: 74-78. 1998.

HAWKES, C. Smart handles and red flags in neurological diagnosis. *Hosp Med*. 63: 732-42. 2002.

IMPERATO, J., BURSTEIN, J., EDLOW, J.A. Benign exertional headache. *Ann Emerg. Med*. 41: 98-103. 2003.

ISLER, H. The treatment of headache. Schweiz Med Wochenschr. 114: 1174-80. 1984.

JOHN, P.J., SHARMA, N., SHARMA, C.M., KANKANE, A. Effectiveness of yoga therapy in the treatment of migraine without aura: a randomized controlled trial. *Headache*. 47: 654-61. 2007.

KFOURY, A., PINHEIRO, R.K., PERES, M.F., GOMES, J.A.P. Epidemiology of the congenital nasolacrimal duct obstruction in a pediatric clinic. *Arquivos Brasileiros de Oftalmologia*. 57(2): 118-21. 1994.

KIHARA, E.N., ANDRIOLI, M.S., ZUKERMAN, E., PERES, M.F., PORTO Jr., P.P., MONZILLO, P.H. et al. Endovascular treatment of carotid artery stenosis: retrospective study of 79 patients treated with stenting and angioplasty with and without cerebral protection devices. *Arq. Neuropsiquiatr*. 62: 1012-15. 2004.

KOENIG, H.G. MSJAMA: religion, spirituality, and medicine: application to clinical practice. *JAMA*. 284: 1708. 2000.

KORKES, H., OLIVEIRA, E.M., BROLLO, L., HACHUL, D.T., ANDRADE, J.C.,

PERES, M.F. et al. Cardiac syncope induced by glossopharyngeal "neuralgia": a rare presentation. *Arq. Bras. Cardiol.* 87: e189-e191. 2006.

KRAMER, U., NEVO, Y., HAREL, S. Electroencephalography in the evaluation of headache patients: a review. *Isr J Med Sci.* 33: 816-20. 1997.

KRYMCHANTOWSKI, A.V., BARBOSA, J.S., CHEIM, C., K ,L.A. Oral lysine clonixinate in the acute treatment of migraine: a double-blind placebo-controlled study. *Arq. Neuropsiquiatr.* 59: 46-49. 2001.

KRYMCHANTOWSKI, A.V., BIGAL, M.E. Polytherapy in the preventive and acute treatment of migraine: fundamentals for changing the approach. *Expert Rev. Neurother.* 6: 283-89. 2006.

KRYMCHANTOWSKI, A.V., FILHO, P.F., BIGAL, M.E. Rizatriptan vs. rizatriptan plus trimebutine for the acute treatment of migraine: a double-blind, randomized, cross-over, placebo-controlled study. *Cephalalgia.* 26: 871-74. 2006.

KUDROW, L. Cluster headache. *Cephalalgia.* 12: 128. 1992.

KUNKLE, E.C. Clues in the tempos of cluster headache. *Headache.* 22: 158-61. 1982.

LAHA, R.K., JANNETTA, P.J. Glossopharyngeal neuralgia. *J. Neurosurg.* 47: 316-20. 1977.

LAWLER, S.P., CAMERON, L.D. A randomized, controlled trial of massage therapy as a treatment for migraine. *Ann Behav. Med.* 32: 50-59. 2006.

LEÃO, A.A. The slow voltage variation of cortical spreading depression of activity. *Electroencephalogr. Clin. Neurophysiol.* 3: 315-21. 1951.

LEDOUX, J. The self: clues from the brain. *Ann NY Acad. Sci.* 1001: 295-304. 2003.

LIPTON, R.B., BIGAL, M.E., GOADSBY, P.J. Double-blind clinical trials of oral triptans vs other classes of acute migraine medication - a review. *Cephalalgia.* 24: 321-32. 2004.

LIPTON, R.B., GOBEL, H., EINHAUPL, K.M., WILKS, K., MAUSKOP, A. Petasites hybridus root (butterbur) is an effective preventive treatment for migraine. *Neurology.* 63: 2240-44. 2004.

LODER, E. What is the evolutionary advantage of migraine? *Cephalalgia*. 22: 624-32. 2002.

LODER, E., SILBERSTEIN, S.D., BU-SHAKRA, S., MUELLER, L., SMITH, T. Efficacy and tolerability of oral zolmitriptan in menstrually associated migraine: a randomized, prospective, parallel-group, double-blind, placebo-controlled study. *Headache*. 44: 120-30. 2004.

LOPES, L.R., PERES, M.F., VAN MOLKOT, K.R., TOBO, P.R., ZUKERMAN, E., FRANTS, R.R. et al. Mutation analysis of CACNA1A and ATP1A2 genes in Brazilian FHM families. *Arq. Neuropsiquiatrics*. 64: 549-52. 2006.

MARCUS, D.A., SCHARFF, L., TURK, D., GOURLEY, L.M. A double-blind provocative study of chocolate as a trigger of headache. *Cephalalgia*. 17: 855-62. 1997.

MARINS, M., PERES, M.F. Inner visions: the profet, a proton-density-weighted MR image. *Radiographics*. 23(2): 530. 2003.

MASRUHA, M.R., MARQUES, C.M., VILANOVA, L.C., SEIXAS ALVES, M.T., PERES, M.F., RODRIGUES, M.G. Drug induced pseudolymphoma secondary to ethosuximide. *J. Neurol. Neurosurg. Psychiatry*. 76: 1610. 2005.

MASRUHA, M.R., PERES, M. F., PIOVESAN, E.J., ZUKERMAN, E. Distribution of Brazilian headache specialists. *Einstein*. 5(5): 48-50. São Paulo, 2007.

MATHEW, N.T., DEXTER, J., COUCH, J., FLAMENBAUM, W., GOLDSTEIN, J., RAPOPORT, A. et al. Dose ranging efficacy and safety of subcutaneous sumatriptan in the acute treatment of migraine. US Sumatriptan Research Group. *Arch. Neurol*. 49: 1271-76. 1992.

MATHEW, N.T., SAPER, J.R., SILBERSTEIN, S.D., RANKIN, L., MARKLEY, H.G., SOLOMON, S. et al. Migraine prophylaxis with divalproex. *Arch. Neurol*. 52: 281-86. 1995.

MAY, A., BAHRA, A., BUCHEL, C., FRACKOWIAK, R.S., GOADSBY, P.J. Hypothalamic activation in cluster headache attacks. *Lancet*. 352: 275-78. 1998.

MERCANTE, J., BERNIK, M. Cefaléias Primárias e Transtornos de Ansiedade. *Einstein*. 2(1): 45-48. São Paulo, 2004.

MERCANTE, J.P., BERNIK, M.A., ZUKERMAN-GUENDLER, V., ZUKERMAN, E., KUCZYNSKI, E., PERES, M.F. [Psychiatric comorbidities decrease quality of life in chronic migraine patients]. *Arq. Neuropsiquiatrics.* 65: 880-884. 2007.

MERCANTE, J.P., PERES, M.F., GUENDLER, V., ZUKERMAN, E., BERNIK, M. A. Depression in chronic migraine: severity and clinical features. *Arq. Neuropsiquiatr.* 63: 217-20. 2005.

MONZILLO, P.H., SANVITO, W.L., PERES, M.F. Cluster-tic syndrome: two case reports. *Arq. Neuropsiquiatr.* 54: 284-87. 1996.

MOREIRA-ALMEIDA, A., NETO, F.L., KOENIG, H.G. Religiousness and mental health: a review. *Rev. Bras. Psiquiatria.* 28: 242-50. 2006.

MORSELLI, P.L., GARATTINI, S. Monosodium glutamate and the Chinese restaurant syndrome. *Nature.* 227: 611-12. 1970.

MOSKOWITZ, M.A. The 2006 Thomas Willis lecture: the adventures of a translational researcher in stroke and migraine. *Stroke.* 38: 1645-51. 2007.

MOSKOWITZ, M.A. The neurobiology of vascular head pain. *Ann Neurol.* 16: 157-68. 1984.

OLESEN, J. International Classification of Headache Disorders, Second Edition (ICHD-2): current status and future revisions. *Cephalalgia.* 26: 1409-10. 2006.

PAIN TERMS: a list with definitions and notes on usage. Recommended by the IASP Subcommittee on Taxonomy. *Pain.* 6: 249. 1979.

PAREJA, J.A., CAMINERO, A.B. Supraorbital neuralgia. *Curr. Pain Headache Rep.* 10: 302-5. 2006.

PERES, J., MERCANTE, J., NASELLO, A.G. Psychological dynamics affecting traumatic memories: implications in psychotherapy. *Psychol Psychother.* 78: 431-47. 2005.

PERES, J.F., NEWBERG, A.B., MERCANTE, J.P., SIMAO, M., ALBUQUERQUE, V.E., PERES, M.F. et al. Cerebral blood flow changes during retrieval of traumatic memories before and after psychotherapy: a SPECT study. *Psychol Med.* 37: 1481-91. 2007.

PERES, M.F. Atypical radiologic feature of a stroke. Case report. *Revista de Neurociências.* 7(1): 18-20. 1999.

Peres, M.F. Cefaléia Crônica Diária: Como eu trato. *Médico Repórter*. 8: 6-8. 2006.

Peres, M.F. Está Publicado! Belief in life after death. *Einstein*. 4(4): 4. São Paulo, 2007.

Peres, M.F. et al. Trigger Factors in Migraine. Analysis of 200 cases. Em produção.

Peres, M.F. Fibromialgia, Fadiga e Cefaléias. *Einstein*. 2(1): 49-56. São Paulo, 2004.

Peres, M.F. Fibromyalgia, fatigue, and headache disorders. *Curr. Neurol. Neurosci. Rep*. 3: 97-103. 2003.

Peres, M.F. Hemicrania Continua. *Einstein*. 2(1): 17-22. São Paulo, 2004.

Peres, M.F. Hemicrania continua: recent treatment strategies and diagnostic evaluation. *Curr. Neurol. Neurosci. Rep*. 2: 108-13. 2002.

Peres, M.F. Melatonin, the pineal gland and their implications for headache disorders. *Cephalalgia*. 25: 403-11. 2005.

Peres, M.F. Melatonina e Doenças Neurológicas. *Einstein*. 2(3): 217-19. 2004.

Peres, M.F. Melatonina, aminoácidos e a fisiopatologia da enxaqueca, a ponta do iceberg? *Migrâneas & Cefaléias*. 8: 61-68. 2005.

Peres, M.F., Arantes, A.C., Lessa, P.S, Caous, C.A. Incorporating spirituality and religiosity in pain management and palliative care. *Rev. Psiq. Clín*. 34(1): 82-87. 2007.

Peres, M.F., Bauab, R., Oliveira, A. Doenças neurológicas na gravidez. *Revista de Neurociências*. 5(3): 45-52. 1997.

Peres, M.F., Forones, N.M., Malheiros, S.M., Ferraz, H.B., Stavale, J.N., Gabbai, A.A. Hemorrhagic cerebral metastasis as a first manifestation of a hepatocellular carcinoma. Case report. *Arq. Neuropsiquiatr*. 56: 658-60. 1998.

Peres, M.F., Goncalves, A.L., Krymchantowski, A. Migraine, tension-type headache, and transformed migraine. *Curr Pain Headache Rep*. 11: 449-53. 2007.

Peres, M.F., Kowacs, P.A. Pesquisa em cefaléias em um país pobre. *Migrâneas & Cefaléias*. 10: 82-85. 2007.

PERES, M.F., LERARIO, D.D., GARRIDO, A.B., ZUKERMAN, E. Primary headaches in obese patients. *Arq. Neuropsiquiatr.* 63: 931-33. 2005.

PERES, M.F., MASRUHA, M.R., YOUNG, W.B. Side-shifting hemicrania continua with aura (migraine with aura with autonomic symptoms responsive to indomethacin?). *Cephalalgia.* 26: 917-19. 2006.

PERES, M.F., MASRUHA, M.R., ZUKERMAN, E., MOREIRA-FILHO, C.A., CAVALHEIRO, E.A. Potential therapeutic use of melatonin in migraine and other headache disorders. *Expert Opin. Investig. Drugs.* 15: 367-75. 2006.

PERES, M.F., MERCANTE, J.P., GUENDLER, V.Z., CORCHS, F., BERNIK, M. A., ZUKERMAN, E. et al. Cephalalgiaphobia: a possible specific phobia of illness. *J. Headache Pain.* 8: 56-59. 2007.

PERES, M.F., MERCANTE, J.P., TANURI, F.C., NUNES, M., ZUKERMAN, E. Chronic migraine prevention with topiramate. *J. Headache Pain.* 7: 185-87. 2006.

PERES, M.F., ROZEN, T.D. Cluster Headache. In: American College of Physicians, ed. PIER, *Physicians' Information and Education Resource.* Philadelphia, 2007.

PERES, M.F., ROZEN, T.D. Melatonin in the preventive treatment of chronic cluster headache. *Cephalalgia.* 21: 993-95. 2001.

PERES, M.F., SANCHEZ DEL, R.M., SEABRA, M.L., TUFIK, S., ABUCHAM, J., CIPOLLA-NETO, J. et al. Hypothalamic involvement in chronic migraine. *J. Neurol. Neurosurg. Psychiatry.* 71: 747-51. 2001.

PERES, M.F., SEABRA, M.L., ZUKERMAN, E., TUFIK, S. Cluster headache and melatonin. *Lancet.* 355: 147. 2000.

PERES, M.F., SILBERSTEIN, S., MOREIRA, F., CORCHS, F., VIEIRA, D.S., ABRAHAM, N. et al. Patients' preference for migraine preventive therapy. *Headache.* 47: 540-45. 2007.

PERES, M.F., SILBERSTEIN, S.D. Hemicrania continua responds to cyclo-oxygenase-2 inhibitors. *Headache.* 42: 530-31. 2002.

PERES, M.F., SILBERSTEIN, S.D., NAHMIAS, S., SHECHTER, A.L., YOUSSEF, I., ROZEN, T.D. et al. Hemicrania continua is not that rare. *Neurology.* 57: 948-51. 2001.

PERES, M.F., SIOW, H.C., ROZEN, T.D. Hemicrania continua with aura. *Cephalalgia*. 22: 246-48. 2002.

PERES, M.F., STILES, M.A., OSHINSKY, M., ROZEN, T.D. Remitting form of hemicrania continua with seasonal pattern. *Headache*. 41: 592-94. 2001.

PERES, M.F., STILES, M.A., SIOW, H.C., ROZEN, T.D., YOUNG, W.B., SILBERSTEIN, S.D. Greater occipital nerve blockade for cluster headache. *Cephalalgia*. 22: 520-22. 2002.

PERES, M.F., STILES, M.A., SIOW, H.C., SILBERSTEIN, S.D. Excessive daytime sleepiness in migraine patients. *J. Neurol. Neurosurg. Psychiatry*. 76: 1467-68. 2005.

PERES, M.F., VIEIRA, D.S. Tension-type headache with aura. *Cephalalgia*. 26: 349-50. 2006.

PERES, M.F., YOUNG, W.B., KAUP, A.O., ZUKERMAN, E., SILBERSTEIN, S.D. Fibromyalgia is common in patients with transformed migraine. *Neurology*. 57: 1326-28. 2001.

PERES, M.F., ZUKERMAN, E., CUNHA, T.F., MOREIRA, F.R., CIPOLLA-NETO, J. Melatonin, 3 mg, is effective for migraine prevention. *Neurology*. 63: 757. 2004.

PERES, M.F., ZUKERMAN, E., PORTO, P.P., BRANDT, R.A. Headaches and pineal cyst: a (more than) coincidental relationship? *Headache*. 44: 929-30. 2004.

PERES, M.F., ZUKERMAN, E., SENNE SOARES, C.A., ALONSO, E.O., SANTOS, B.F., FAULHABER, M.H. Cerebrospinal fluid glutamate levels in chronic migraine. *Cephalalgia*. 24: 735-39. 2004.

PERES, M.F., ZUKERMAN, E., YOUNG, W.B., SILBERSTEIN, S.D. Fatigue in chronic migraine patients. *Cephalalgia*. 22: 720-24. 2002.

PERES, M.F., ZUKERMAN, E.. Hemicrania continua responsive to rofecoxib. *Cephalalgia*. 20: 130-31. 2000.

PESTRONK, A., PESTRONK, S. Goggle migraine. *N Engl J Med*. 308: 226-27. 1983.

PFAFFENRATH, V., DIENER, H.C., FISCHER, M., FRIEDE, M., HENNEICKE-VON ZEPELIN, H.H. The efficacy and safety of Tanacetum parthenium (feverfew) in migraine prophylaxis – a double-blind, multicentre, randomized placebo-controlled dose-response study. *Cephalalgia.* 22: 523-32. 2002.

Pryse-Phillips, W.E., Dodick, D.W., Edmeads, J.G., Gawel, M.J., Nelson, R.F., Purdy, R.A. et al. Guidelines for the nonpharmacologic management of migraine in clinical practice. Canadian Headache Society. *CMAJ.* 159: 47-54. 1998.

Puchalski, C.M., Larson, D.B. Developing curricula in spirituality and medicine. *Acad. Med.* 73: 970-74. 1998.

Queiroz, L.P., Peres,, M.F., Bigal, M.E., Ciciarelli, M., Kowacs, F., Piovesan, E.J., Souza, J.A., Zukerman, E. A nationwide population-based study of headache in Brazil. *Cephalalgia.* 27: 671. 2007.

Raffaelli Jr. E., Martins, O.J., Santos, P.D.F. Lisuride in cluster headache. *Headache.* 23: 117-21. 1983.

Ravishankar, K. 'Hair-wash headache' – an unusual trigger for migraine in Indian patients. *Cephalalgia.* 25: 1184-85. 2005.

Rotberg, M. Acute glaucoma can present either silently or as a headache of variable severity. *J. Emerg. Med.* 17: 1069. 1999.

Rozen, T.D., Oshinsky, M.L., Gebeline, C.A., Bradley, K.C., Young, W.B., Shechter, A.L. et al. Open label trial of coenzyme Q10 as a migraine preventive. *Cephalalgia.* 22: 137-41. 2002.

Sanvito, W.L., Monzillo, P.H., Peres, M.F., Martinelli, M.O., Fera, M.P., Gouveia, D.A. et al. The epidemiology of migraine in medical students. *Headache.* 36: 316-19. 1996.

Scher, A.I., Stewart, W.F., Lipton, R.B. Caffeine as a risk factor for chronic daily headache: a population-based study. *Neurology.* 63: 2022-27. 2004.

Schwedt, T.J., Dodick, D.W. Patent foramen ovale and migraine – bringing closure to the subject. *Headache.* 46: 663-71. 2006.

Selekler, H.M., Erdogan, M.S., Budak, F. Prevalence and clinical characteristics of an experimental model of 'ice-cream headache' in migraine and episodic tension-type headache patients. *Cephalalgia.* 24: 293-97. 2004.

Silberstein, S., Mathew, N., Saper, J., Jenkins, S. Botulinum toxin type A as a migraine preventive treatment. For the BOTOX Migraine Clinical Research Group. *Headache.* 40: 445-50. 2000.

SILBERSTEIN, S.D. Sex hormones and headache. *Rev. Neurol.* 156, Supl. 4: 4S30-4S41. Paris, 2000.

SILBERSTEIN, S.D., PERES, M.F. Hemicrania continua. *Arch. Neurol.* 2002;59:1029-30.

SILBERSTEIN, S.D., PERES, M.F., HOPKINS, M.M., SHECHTER, A.L., YOUNG, W.B., ROZEN, T.D.. Olanzapine in the treatment of refractory migraine and chronic daily headache. *Headache.* 42: 515-18. 2002.

SILBERSTEIN, M.; STILES, Alan; YOUNG, W.B. *Atlas of Migraine and other headaches.2 ed.* Jefferson Taylor & Francis/Headache Center Thomas Jefferson University, Philadelphia, Pennsylvania, USA: 2005.

SIOW, H.C., YOUNG, W.B., PERES, M.F., ROZEN, T.D., SILBERSTEIN, S.D. Hemiplegic cluster. *Headache.* 42: 136-39. 2002.

SJAASTAD, O., BAKKETEIG, L.S. Exertional headache – II. Clinical features Vaga study of headache epidemiology. *Cephalalgia.* 23: 803-7. 2003.

SJAASTAD, O., PAREJA, J.A., ZUKERMAN, E., JANSEN, J., KRUSZEWSKI, P. Trigeminal neuralgia. Clinical manifestations of first division involvement. *Headache.* 37: 346-57. 1997.

SOLOMON, S. New appendix criteria open for a broader concept of chronic migraine. *Cephalalgia.* 27: 469-70. 2007.

SPITZ, M., PERES, M.F. Hemicrania continua postpartum. *Cephalalgia.* 24: 603-4. 2004.

The International Classification of Headache Disorders: 2nd edition. *Neurol. Neurochir. Pol.* 40: S7-41. 2006.

TILBERY, C.P., FELIPE, E., BALDAUF, C.M., PERES, M.F. Multiple sclerosis: clinical analysis and development of 214 cases. *Arq. Neuropsiquiatrics.* 53: 203-7. 1995.

TORELLI, P., BEGHI, E., MANZONI, G.C. Cluster headache prevalence in the Italian general population. *Neurology.* 64: 469-74. 2005.

VALENCA, M.M., ANDRADE-VALENCA, L.P., MARTINS, C., ARAGAO, M.F., BATISTA, L.L., PERES, M.F. et al. Cluster headache and intracranial aneurysm. *J. Headache Pain.* 8: 277-82. 2007.

VELOSO, G.G., KAUP, A.O., PERES, M.F., ZUKERMAN, E. Episodic paroxysmal hemicrania with seasonal variation: case report and the EPH-cluster headache continuum hypothesis. *Arq. Neuropsiquiatr.* 59: 944-47. 2001.

VIEIRA, D.S., MASRUHA, M.R., GONCALVES, A.L., ZUKERMAN, E., NAFFAH-MAZACORATTI, M.G., PERES, M.F. Idiopathic Intracranial Hypertension in Chronic Migraine. *Cephalalgia*. Em produção.

VIEIRA, D.S., NAFFAH-MAZACORATTI, M.G., ZUKERMAN, E., SENNE SOARES, C.A., ALONSO, E.O., FAULHABER, M.H. et al. Cerebrospinal fluid GABA levels in chronic migraine with and without depression. *Brain. Res.* 1090: 197-201. 2006.

VIEIRA, D.S., NAFFAH-MAZZACORATTI, M.G., ZUKERMAN, E., SENNE SOARES, C.A., CAVALHEIRO, E.A., PERES, M.F. Glutamate levels in cerebrospinal fluid and triptans overuse in chronic migraine. *Headache*. 47: 842-47. 2007.

WATERS, W.E. The epidemiological enigma of migraine. *Int. J. Epidemiol.* 2: 189-94. 1973.

WILKINSON, M. Migraine researchers – from Wolff to Humphrey. *Cephalalgia*. 18, Supl. 21: 1-4. 1998.

YOUNG, W.B., HOPKINS, M.M., SHECHTER, A.L., SILBERSTEIN, S.D. Topiramate: a case series study in migraine prophylaxis. *Cephalalgia*. 22: 659-63. 2002.

YOUNG, W.B., PERES, M.F., ROZEN, T.D. Modular headache theory. *Cephalalgia*. 21: 842-49. 2001.

ZUKERMAN, E., PERES, M.F. Enxaqueca. *Revista Brasileira de Medicina*. 56: 83-90. 1999.

ZUKERMAN, E., PERES, M.F., KAUP, A.O., MONZILLO, P.H., COSTA, A.R. Chronic paroxysmal hemicrania-tic syndrome. *Neurology*. 54: 1524-26. 2000.